戏说统计 续编
文科生的量化操作指南

李连江 著

当代世界出版社
THE CONTEMPORARY WORLD PRESS

献给不能忘记的刘泽华先生

序
从入门到起飞

《戏说统计》（下文简称《戏说》）[1]的后记有两句话："《不发表就出局》是无心插柳，是否成荫，我无法评价。《戏说统计》是有意栽花，是否开花，我毫无把握。"（第314页）如果以销量为指标，那么《戏说》已经开花，第一印15000册，第二印7000册。此外，此书在田雷教授认为"小资云集"的豆瓣读书以及价格飘忽不定的当当和京东上的评分都及格，还有不少带内容的匿名评论，好评似乎占多数。

看匿名书评，恰如阅人观世，一要自信满满，二要追求光明。好评必定中肯，差评未必公正。对《戏说》而言，这份自信尤其不可或缺。我不是统计学家，只是略懂量化方法。由于数学根基不深，我讲解概率思维时求助于哲理和比喻，虽然自信有独出心裁之处，但毕竟有离经叛道之嫌。独特而不正统，评论就难免趋向两极。同一个比喻，会心者感到不无启发，专家内行觉得废话连篇；掰开揉碎地解释，初学者觉得细致入微，行家里手抱怨啰里啰唆。

网络书评看多了，我还有个另类体会。常言道："会说的不

---

[1] 《戏说统计续编》下文简称《续编》。

如会听的。"什么算"会听"？唐太宗的定义是"兼听"："兼听则明，偏信则暗。""兼听"是明君原则，手中权力的大小、决断之事的巨细，与兼听的必要性呈正相关，水涨船高。学术书的作者，无权也无势，恰如自产自销的瓜农，自信有见解、有良知，自卖自夸，方为正道。兼听，貌似会听，其实是不会听。偏听偏信善意中肯之论，罔闻鄙弃恶意狂妄之评，才是会听。

吾道不孤。张中行先生博学正直，著书作文，也奉行"偏听"。有文为证，《负暄琐话》出版后："反应有见于报刊的，有直接寄给我的，几乎都是表示愿意看。推想也必有不愿意看的，只因为通用的办法是扔在一边，不再过目挂心，所以我就不能知道。就是能知道，且夫人，总是多多少少有点个人迷信的，我难得例外，也就必是竖起耳轮，只收好听的，不收难听的。"（《流年碎影》，第516页）人生苦短，无论做什么，都会有闲人指指点点，略有成绩，就会招人嫉妒。多听鼓励的话，心情会晴朗些。看到显然不公正甚至酸葡萄的评论，不妨听听叔本华的忠告："我们从自己的经历也可以得知，一旦众人不再惧怕某个人，或者相信自己的言论不会进入他的耳朵，他们会带着何等的鄙夷议论他。"（《人生智慧箴言》，第60页）

《戏说》有《续编》，证明我奉行"偏听偏信"。续书续编必遭质疑，为免受狗尾之诮，我奉行一以贯之的做法，下真功夫。《戏说》的关键词只有一个，"打个比方"。《续编》多了个关键词，"举个例子"。旧话云：榜样的力量是无穷的。此言未必成立，但好例子的力量确实是无穷的。二十多年前，欧博文

（Kevin O'Brien）老师谈调研经验，说做访谈最有用的问题是："请您举个例子。"例子有神奇力量，证据处处可见。学外语靠熟记例句，讲课靠分析例子，写论文更离不开例子。朦胧的感觉、模糊的想法，落成文字，才成为脑力劳动的具体对象。眼睛盯着例子，才能思考例子，才能用例子思考。反复修改文章，就是以粗糙的例子为原料，动手思考，精雕细琢成好例子。

世间万事，难，未必好；好，一定难。好例子魔力无穷，想出好例子，难度自然也不小。据传，有人请爱因斯坦举例说明时间的相对性，他说："在你喜爱的姑娘身旁坐两个小时，你觉得只是一分钟。但是，如果你在滚烫的火炉上坐一分钟，你会觉得是两小时。这就是相对性。"这个例子很有名，但对我理解相对论毫无帮助。相对论，说的是时间快慢相对于运动速度。而这个例子讲的是人对时间的感觉的相对性。看了这个例子，我还是觉得相对论不可思议。

构建合适的例子，耗费心神，但也大有收获。意外的欣喜是，我发现，中人之材、中人心态的组合是成为良师的必要条件。中人之材是基础：仅仅是中人之材，必然体会到学习艰难；恰好是中人之材，既能学会，也能记住学习过程，还能总结出学习要点。中人心态是主导：正视自己是中人之材，就没有过多的虚荣，没有放不下的架子；知道多数人是中人之材，就不怕材质上上者讥讽好为人师。天才固然也有良师，不过天才另当别论。我写《续编》，是中人之材面向中人之材，出于一个信念：对我有用的，对同为中人之材的年轻人可能也有用。入门需要老师帮忙，实用技术完全可以自学。对善于自学的朋友来说，本书的提示并非必要，但有助于省时省力。我衷心希望，有兴趣或有必要在研究中采用量化方法的朋友，能够经《戏说》入门，借《续编》起飞。

除了"偏听偏信"，写续编还有个原因，是敝帚自珍。我在大学任教二十多年，虽然并非全无心得，但堪传的极少，可传的更少。仔细掂量，我对量化方法的一点领悟，既堪传，也可传，传的时机也算合适。人的身体状态、精神状态、知识状态、情绪状态，都不可能恒久不变。回头看，我很感谢"学术中国"（即"学术志"）的总经理宋义平先生两年前鼓励我录制"让每一个文科生都成为统计高手"视频课，这间接促使我完成了《戏说》。我现在已经无法回到当时的状态，更不可能超越。年龄对人的影响，远远超过预期。20岁，很难想象30岁后每过一年会怎样；30岁，很难想象40岁后每过一年会怎样；50岁后，这种感觉愈发强烈。

我把此书敬献给去年仙逝的刘泽华先生。刘先生毕生致力于分析数千年历史传统留给我们的沉重遗产，他的解剖刀犀利无比，道德勇气无可比拟。先生对我有特殊的知遇之恩，更对我抱有远超我才具的殷切期望。这本书，对先生来说大约算怪话连篇。先生神在天上，心系九州，忽得弟子怪书一卷，浏览二三页，字字熟识，意思扑朔，当宽心舒意，粲然一笑。

目录

序　从入门到起飞　I

第一章　从显著度检验到置信区间　1

第二章　建构回归模型是估体裁衣　29

第三章　最大似然估计是扮演神探　40

第四章　定序回归的优点就是难点　56

第五章　先拆卸后组装看定序回归　80

第六章　后估计分析好比画龙点睛　102

第七章　结构方程建模是拟体裁衣　146

第八章　三角定位方法的三种含义　164

第九章　关于研究方法的只言片语　179

附录　215

参考书目　238

跋　在实践中领悟量化方法　239

第一章
从显著度检验到置信区间

显著度检验是量化研究的第一步，变量之间有显著的关系，才值得进一步计算相关系数或回归系数的置信区间。本章分三节，第一节回顾显著度检验，第二节解释置信区间，第三节简单介绍样本量、置信区间的信心度与宽度的关系。

第一节 显著度检验

显著度检验告诉我们能在什么信心度上放弃零假设。在社会科学研究中，零假设的内容通常是：在总体中，两个变量之间的关系是 0 或者与 0 没有值得关注的（显著的）差异。显著度检验中的"p 值"是以反话正说的方式表示信心度。例如，p=0.05，本意是，我们决定放弃零假设，这样做，冒了 5% 的犯一类错误的风险。说出来却是，我们在 95% 的信心度上放弃零假设。社会科学界常用的信心度是 90%、95%、99%、99.9%，相对应的犯一类错误的风险是 10%、5%、1%、0.1%。如果不做声明，则默认是做双边检验或双尾检验（参见本书第九章第十二节"单边检验与双边检验")。值得注意的是,不管信心度多高,都不是"信心满满",不是100%的信心,这是概率思维的基本原则。统计分析的背后是概率思维,概率思维的特点是不确定,表现在语言上,就是用"否定"间接表示"肯定"。例如,我们用"放弃零假设"间接表示"接受研究假设"。需要留心的是,日常思维方式的特点是确定性,非此即彼,非黑即白。所以,在日常语言中,"放弃A"等于"接受非A","并非有罪"等于"无辜",但这种思维方式预设的是百分之百认识世界,预设掌握绝对真理。要判断是否还持这种非黑即白的方式,最简单明了的方法就是问问自己:如果犯一类错误的风险是5%,那么犯二类错误的风险是多少?如果答95%,就证明仍然没有建立概率思维方式;如果说很大,但说不清背后的逻辑,就证明只是表面上建立了概率思维方式,仍然停留在语言上,没有真正融入思维。可以说,把显著度检验的逻辑变成思维方式,是从日常的确定性思维转变为统计的概率思维的第一道险关。说是险关并非夸张,统计课考满分,也并不意味着真正形成了概率思维方式。

做显著度检验的目的是判断一个观察到的"非零的"样本统计值是否"显著地"不同于0。检验的起点是假定零假设为真,然后预测,如果零假设真,那么有多大的概率观察到这个已经观察到的样本统计值,亦即有多大的概率抽到我们已经抽到的这个样本。如果预测出的概率很小,比如只有5%,甚至0.1%,就脑筋急转弯,反问一句:我们不是已经抽到这个样本了吗？我们严格按照科学的抽样理论设计抽样程序，认真遵守抽样程序进行抽样，已经抽到手中的样本，这是确定无疑的。然而，根据零假设预测，我们抽到这个样本的概率只有5%，甚至0.1%，这就意味着预测不准确，进而说明预测所依据的零假设很可能是假的。

显著度检验有两个可能的结果。第一种结果令人沮丧，即不能在约定俗成的或自己选定的信心度上放弃零假设。遇到这种情况，有三个选项。一是承认自己关注的相关系数或回归系数统计上不显著，中止研究。放弃研究，代价很大，需要三思而后行。二是直接或间接降低追求的信心度，从而坚持自己关注的相关系数或回归系数统计上显著。直接方式是，仍做双边检验，但选择较低的信心度。例如，把原定的99%降为95%。间接方式是，把双边检验变成单边检验。例如，做双边检验，结果显示犯一类错误的风险是10%，那就不能在95%信心度上放弃零假设。这时，如果有合适的理论依据，可以修改研究假设并相应修改零假设，改做单边检验，就能在95%信心度上放弃零假设。三是调整多元回归模型，直到希望显著的那个偏回归系数在统计上显著。只有自己特别关注的那个偏回归系数在统计上显著，继续分析才有意义。

做显著度检验的第二种结果是皆大欢喜，即能在选定的信心度上放弃零假设。不过，也只是欢喜一会儿，后边的愁事还多得很。在一定信心度上放弃零假设，只是在该信心度上认定变量之间的关系在总体中不是0或者显著地不同于0，不意味着可以在该信心度上认为样本统计值就是总体参数。"显著的"样本统计值仍然只是样本统计值,是对总体参数的一个估计(点估计,point estimate),不等于总体参数。我们写文章时,经常有意无意地忽视这一点,隐含地假设"显著的样本统计值就是总体参数"。写文章时这样想,无伤大雅。但是,如果想把研究成果应用到实践中,就需要计算"置信区间"。换言之,显著度检验只告诉我们可以有多大的信心认为"总体参数不是0",是个否定答案;置信区间告诉我们可以有多大的信心认为"总体参数可能在哪个值域中",是个肯定答案。否定也好,肯定也好,都是以"信心度"为标志的概率答案,不是以"必然"或"绝对"为标志的确定答案。例如,我们分析雇员数据,研究"少数族裔"对年薪的净影响,控制教育程度与工作岗位。我们的研究目的首先是解决一个疑难:在雇员总体中,在教育程度相同而且工作岗位也相同的情况下,相对于白人而言,少数族裔的年薪有"显著"的区别吗?(温馨提示:工作岗位实际上是定类变量,我把它视为定序变量,因为"歪曲的"分析结果最适合下面的讨论。另外,为了便利,我把雇员数据中相关的变量改成了中文,把数据改名为 employee data recoded CHN.sav,存放在本章的练习数据中,如果有兴趣下载,请参看附录的第一篇,"练习数据与其他参考资料"。)多元线性回归的结果如下:

系数[a]

模型	非标准化系数		标准系数	t	Sig.
	B	标准误差	试用版		
1 (常量)	-11575.393	2129.399		-5.436	.000
少数族裔	-1875.642	1050.886	-.046	-1.785	.075
工作岗位	13120.868	650.528	.594	20.170	.000
教育程度	2067.055	174.088	.349	11.874	.000

a. 因变量：年薪。

如果我们仅仅做探索性研究，可以用三个偏回归系数构建一个方程式，用来预测员工的年薪，方程式如下：

年薪 = －11575.393－1875.642 * 少数族裔地位 + 13120.868 * 工作岗位 + 2067.055 * 教育程度 + 误差。

（按：* 是乘号）

"少数族裔"的未标准化的偏回归系数是"－1875.642"，意思是：在教育程度相同而且工作岗位也相同的情况下，相对于白人雇员而言，少数族裔雇员的年薪少1875.642美元。SPSS的默认设置是做双边检验，即研究预设认为"少数族裔"对年薪有影响，但不预设有正面影响还是负面影响。结果显示，犯一类错误的风险是7.5%。我们只能在92.5%的信心度上放弃零假设。也就是说，我们必须愿意承担7.5%的犯一类错误的风险，才能坚持少数族裔与年薪的偏回归系数统计上显著，说我们在92.5%的信心度上放弃零假设。

这样做时，容易忽略一点，即这里的三个偏回归系数以及截距都是样本统计值，是对总体参数的可信估计，但不等于总体参数，意思是，样本统计值"可能但不一定是"总体参数。如果做应用研究，例如想拿这个分析结果当证据，打官司告公司有种族歧视，就不能简单地假定显著的样本统计值就是总体参数，需要计算样本统计值作为"总体参数之估计"的"置信区间"。

我们在这里遇到了一个很有趣的情况。延续《戏说》设计的情景（第188-192页），假设民权律师在法庭上出示了这个分析结果，试图说服陪审团放弃无罪推定，判这家公司有种族歧视行为。民权律师对陪审团成员说：诸位请看，数据分析显示，你们可以在92.5%的信心度上放弃无罪推定，也就是说，你们放弃无罪推定假设，犯弃真错误的概率只有区区7.5%。这个案子，只是涉及经济利益，公司就是输了官司，也不过是给少数族裔雇员一些经济赔偿，不要说你们可以有92.5%的信心度，就是只有90%的信心度，也可以良心安慰地放弃无罪推定假设了。这就好像乒乓球比赛有个擦边球，陪审团是裁判，坚持95%的信心度，就判界外，坚持90%的信心度，就判界内。陪审团听了，觉得言之有理。

资方律师一着急，头脑有点迷糊，没有立刻看清"工作岗位"不是定序变量，因而没能像《戏说》里叙述的那样，指出"工作岗位"是定类变量，应该合并成一个二分定序变量，1＝经理，0＝非经理，进而通过控制教育程度和是否经理证明是否少数族裔对年薪没有显著的独立影响。不过，出于职业本能，资方律师还是可以跟民权律师辩论一番，而且不一定输。他可以首先挑战民权律师的裁判标准，指出虽然此案主要涉及经济利益，但种族歧视问题事关重大，作为有社会责任感的陪审团成员，不应该冒超过5%的弃真风险，而这里的风险是7.5%，不能轻率。陪审团听了，也觉得言之有理。

这时，民权律师可以以退为进。一方面，同意资方律师的意见，同意应该坚持95%的信心度，也就是说，只愿意承担5%

的犯一类错误的风险。不过,民权律师并不认输,他提出需要修改研究假设。不是简单地假设总体中"少数族裔地位"对年薪有影响(也就是假设影响可正可负),而是假设有"负面影响"。毕竟,美国确实有种族歧视的历史,有很多研究表明种族歧视仍然存在,没有一项研究显示少数族裔地位对于雇员的年薪有正面影响。因此,研究假设可以假定,在教育程度相同、工作岗位也相同的情况下,少数族裔地位对年薪有负影响。这样,零假设的内容也随之改变,不再是假设总体中"少数族裔地位"对年薪没有影响,而是假设"没有等于或大于零的影响"。做双边检验,犯一类错误的风险是 7.5%,改为单边检验后,犯一类错误的风险是双边检验结果的一半,即 3.75%。我们愿意承担5%的犯一类错误的风险,而回归分析的结果显示,风险是 3.75%,低于我们愿意冒的风险,所以我们应该冒这个险,放弃零假设。放弃零假设,就是坚持研究假设,认为"少数族裔"对年薪有"显著的"(非零的、非随机的)负影响。民权律师说完,陪审团听了,也觉得言之有理。

　　名律师的特点是坚韧不拔,有位优秀的律师说,法律案件极少黑白分明,表面看来,多数是灰色,律师的作用,就是尽量澄清事实,把貌似灰色的案件理出比较黑白分明的头绪。资方律师不会轻易服输。他不挑战民权律师的建议,同意修改研究假设,做单边检验。但是,他要求把案情的分析推进一步,不限于做显著度检验,而要进一步分析置信区间,从而判断统计上显著的影响实质上是否重要。

第二节 置信区间

置信区间这个概念有点绕弯子,为了说清楚,这一节分两部分。第一部分简单界定置信区间,第二部分介绍如何计算置信区间。

一、置信区间的上限与下限

置信区间,英文是confidence interval,也译为"可信区间"、"信赖区间"或"信心区间"。"confidence interval"由两个词组成,主词是"interval"(区间);"confidence"(置信)是对"interval"的"界定",名词扮演形容词。"置信"这个译法比较雅,但在一定程度上增加了理解这个概念的难度,因为有关"置信"的通常联想是"难以置信",有否定意味,译为"信心"或"可信"比较直白易懂。因此下文既用"置信区间",也用"信心区间"和"可信区间"。这样做,不是故意制造混乱,而是提醒各位三个词同义,可以交换使用。

置信区间的"信心",指的是信心度。这个信心,不同于显著度检验的信心。做显著度检验时,"信心"指的是放弃零假设时的信心度,信心的对象是"放弃零假设"。置信区间的信心度,对象是"区间"。在日常语言中,"区间"指的是处在两个端点之间的范围。例如,课间休息的十分钟就是两节课之间的区间,两个端点分别是上节课结束和下节课开始。"置信区间"

的区间，是由"下限"（lower bound，即较小的数）和"上限"（upper bound，即较大的数）界定的数值区间，区间中的每个值都是对总体参数的估计。为了说明什么是"置信区间"的"区间"，最好的办法是计算一个。

二、计算置信区间

SPSS 的默认设置不计算置信区间。如果让它计算并输出置信区间，需要用菜单构建好回归模型后，也就是让因变量、自变量各就各位后，点击"统计量"，打开菜单后选择"置信区间"，选择时可以看到，默认的信心度是95%。选好后，选择"继续"，输出的回归分析结果中就包含了三个偏回归系数的置信区间。

置信区间的计算公式是：置信区间＝点估计±边际误差。点估计是样本统计值，但边际误差的计算比较复杂。延续《戏说》的一贯做法，《续编》也采用信任策略。遇到复杂的计算，就给统计学家和统计软件专家投无限信任票，不指望明白他们的计算方法，只求明白他们的计算结果。为了简便，我们只看少数族裔。它与年薪的非标准化偏回归系数是－1875.642，在95%信心度上，作为对总体参数的估计，这个回归系数置信区间的下限是－3940.658，上限是189.373。意思是，在总体中，在教育程度相同、工作岗位也相同的情况下，少数族裔地位对年薪的净影响的置信区间的下限是－3940.658，上限是189.373。

系数[a]

模型	非标准化系数 B	非标准化系数 标准误差	标准系数 试用版	t	Sig.	B 的 95%置信区间 下限	B 的 95%置信区间 上限
1 (常量)	-11575.393	2129.399		-5.436	.000	-15759.713	-7391.073
少数族裔	-1875.642	1050.886	-.046	-1.785	.075	-3940.658	189.373
工作岗位	13120.868	650.528	.594	20.170	.000	11842.564	14399.172
教育程度	2067.055	174.088	.349	11.874	.000	1724.968	2409.142

a. 因变量：年薪。

但是，这个区间有个重大问题。少数族裔与年薪的偏回归系数是"-1875.642"，这是个样本统计值，是对总体参数的一个估计，意思是，在雇员总体中，教育程度相同并且工作岗位也相同的情况下，少数族裔地位对于年薪有负的净影响，影响幅度是-1875.642美元。如果总体参数是负的，那么对它的可信估计就不能是0，也不能是正数。换言之，如果对它的估计是0或正数，这估计就不可信。但是，这里看到的置信区间的下限是-3940.658，上限是189.373，包含了0和正数，所以这个区间不是在95%水平上可信。温馨提示：作为对总体参数的估计，样本统计值一定不是0，要么是负数，要么是正数；如果样本统计值是0或十分接近0，就通不过显著度检验，也就不需要计算置信区间。如果样本统计值是负数，那么，因为它是对总体参数的估计，总体参数也必定是负数。因此，对总体参数的估计的"置信区间"既不能出现0，也不能出现正数，否则它就不是个"可信的"区间。换言之，如果被视为总体参数之估计的样本统计值是负数，那么它的"置信区间"内出现的总体参数之估计必须都是负数。同理，样本统计值是正数，那么，作为对总体参数的估计，它的"置信区间"内既不能出现0，也不能出现负数，否则这个区间就不可信。总之，虽然是做两端检验，在样本统计值的可信区间只能出现在正态分布的一边，样本统计值是负数，可信区间内都是负数，反之亦然。换言之，如果样本统计值是负数，那么它的置信区间的上限不能碰高压线；如果样本统计值是正数，那么它的下限不能碰高压线。样本统计值的置信区间必须与样本统计值路线一致,不能碰高压线,更不能越界。温馨提示:延续第一节的法庭辩论,扮演资方律师时,一定要明确指出这个置信区间不仅碰了"0"这条高压线,还越界不少,因此不可信。

面对资方律师的质疑,民权律师只能以退为进。先承认,根据第一节的分析结果,我们只能在92.5%的信心度上认为,在雇员总体中,少数族裔地位对于年薪的净影响不是0。但是,SPSS计算置信区间时的默认信心度是95%,比92.5%高。就是因为信心度定得太高,所以计算出了不可信的"置信区间"。把信心度调到92.5%,问题就解决了。用菜单构建好回归模型后,点击"统计量",打开菜单后选择"置信区间",选择时可以看到,默认的信心度是95%,把95%改为92.5%,选择"继续",输出的回归分析结果中就包含了92.5%信心度上的三个偏回归系数的置信区间。

在下面的表中可以看到,在92.5%的信心度上,教育程度相同并且工作岗位也相同的员工中,少数族裔地位对于年薪的净影响的置信区间是-3750.866至-0.419。这相当于说,我们可以在92.5%的信心度上认为,在雇员总体中,在教育程度相同并且工作岗位也相同的情况下,少数族裔地位对于年薪的净影响介于-3750.866至-0.419之间。这个"区间"不包括0与正数,仍然是个"可信的区间"。但是它的"上限"离高压线"0"已经非常接近,十分危险。不过,计算"置信区间"时,默认的信心度是双边检验的信心度,只要把双边检验改为单边

系数[a]

模型	非标准化系数 B	非标准化系数 标准误差	标准系数 试用版	t	Sig.	B 的 92.5% 置信区间 下限	B 的 92.5% 置信区间 上限
1（常量）	-11575.393	2129.399		-5.436	.000	-15375.140	-7775.646
少数族裔	-1875.642	1050.886	-.046	-1.785	.075	-3750.866	-.419
工作岗位	13120.868	650.528	.594	20.170	.000	11960.050	14281.685
教育程度	2067.055	174.088	.349	11.874	.000	1756.409	2377.702

a. 因变量：年薪。

检验，置信区间就能离高压线远一些。温馨提示：下面两个说法异曲同工：其一，我们在92.5%的信心度上放弃零假设，零假设的内容是，在总体中，在教育程度相同并且工作岗位也相同的情况下，少数族裔地位对于年薪的净影响是0。其二，我们在92.5%的信心度上认为，在总体中，在教育程度相同并且工作岗位也相同的情况下，少数族裔地位对于年薪的净影响不是0，而是介于-3750.866至-0.419之间。但是，资方律师一定会步步紧逼，抓住置信区间的上限是-0.419大做文章，强调年薪只相差42美分，可以忽略不计，统计上显著不意味着实质上重要。

第三节 样本量、置信区间的信心度与宽度

因为有个高压线"0"，所以使用一个置信区间时，要考虑它的安全系数。只包含正数的置信区间，下限距离"0"越远，区间的安全系数越高，使用时越少受质疑。只包含负数的置信区间，上限距离"0"越远，区间的安全系数越高，使用时越少受质疑。考虑置信区间的安全系数，就要考虑两个因素，它们影响置信区间与高压线"0"的距离和置信区间的宽度。其一，在数据结构保持不变的前提下，样本量越大，信心度越高，置信区间越窄，置信区间与高压线"0"的距离越远。其二，在样本量保持不变的情况下，置信区间信心度的高低与区间的宽度

成正比，置信区间的宽度越大，离高压线"0"越近。我们做几个简单的计算，用例子解释这两个关系。温馨提示：延续刚才的法庭审判，民权律师继续为自己找证据，现在的策略是拿样本量和单边检验做文章。

一、样本量与置信区间

我们继续使用雇员数据，把置信区间的信心度定在95%上，增大雇员数据的样本量。增大样本量的方法是，把现有的雇员数据（employee data recoded CHN）另存，取名为 employee data recoded CHN duplicate，然后用"合并数据"（merge files）中的"增加个案"（add cases）把 employee data recoded CHN duplicate 并入，得到一个样本量为 948 的样本（employee data recoded CHN doubled-sized）。重新计算少数族裔地位对于年薪的净影响的置信区间，结果如下页表。

前面看到，样本量为 474 时，在 95% 的信心度上，教育程度相同并且工作岗位也相同的情况下，少数族裔地位对于年薪的净影响的置信区间下限是 −3940.658，上限是 189.373，宽度是 4130.031，但是碰了高压线，还越了界，所以不可信。现在的样本量为 948，同样在 95% 的信心度上，教育程度相同并且工作岗位也相同的情况下，少数族裔地位对于年薪的净影响的置信区间下限是 −3330.846，上限是 −420.439，宽度是 2910.407。样本量加倍后，置信区间的上限从 189.373 变成了 −420.439，不仅不越界，离高压线"0"还远了很多，安全系数也相应提高了很多。细看分析结果，会发现样本量加倍后，少数族裔地位

系数[a]

模型	非标准化系数 B	非标准化系数 标准误差	标准系数 试用版	t	Sig.	B 的 95% 置信区间 下限	B 的 95% 置信区间 上限
1 (常量)	-11575.393	2129.399		-5.436	.000	-14524.056	-8626.730
少数族裔	-1875.642	1050.886	-.046	-1.785	.075	-3330.846	-420.439
工作岗位	13120.868	650.528	.594	20.170	.000	1220.055	14021.680
教育程度	2067.055	174.088	.349	11.874	.000	1825.988	2308.122

a. 因变量：年薪。

对年薪的偏回归系数的显著度提高了，做双边检验，放弃零假设的信心度由 92.5% 提高到了 98.8%。温馨提示：对于民权律师的这个策略，资方律师可以大度地承认，置信区间确实与样本量有关，但是不同意民权律师人为增加样本量的做法，要求休庭，让民权律师重新抽样，扩大样本量，有了新证据再重新开庭。

二、置信区间的信心度与置信区间的宽度成正比

民权律师无法立刻重新抽样，只能改变策略，要求做单边检验。做单边检验，相当于降低置信区间的信心度。双边检验，信心度要求是 95%，改成单边检验，相当于把信心度降为 90%。在样本量保持不变的情况下，对置信区间的信心的高度与置信区间的宽度成正比。信心度越高，区间越宽；信心度越低，区间越窄。重复一句：区间越宽，离高压线"0"越近，保险系数越低，区间越窄，离高压线"0"越远，保险系数越高。做双边检验，把信心度从 95% 降到 92.5%，就能缩窄置信区间，使之不包括 0，当然也就不包括正数。要缩窄置信区间，令它不包含"不受欢迎的估计"，还有一个途径，就是把双边检验变成单边检验。

仍然看雇员数据中少数族裔地位对年薪的净影响，如果不满足于 92.5% 的信心度，坚持追求 95% 的信心度，可以把双边检验修改为单边检验。与此相应，计算置信区间时，把信心度定为 90%，结果如下：

系数[a]

模型	非标准化系数		标准系数	t	Sig.	B 的 90%置信区间	
	B	标准误差	试用版			下限	上限
1 (常量)	-11575.393	2129.399		-5.436	.000	-15084.860	-8065.927
少数族裔	-1875.642	1050.886	-.046	-1.785	.075	-3607.609	-143.676
工作岗位	13120.868	650.528	.594	20.170	.000	12048.731	14193.005
教育程度	2067.055	174.088	.349	11.874	.000	1780.140	2353.970

a. 因变量：年薪。

这个结果显示，做单边检验，在 95% 的信心度上，在雇员总体中，教育程度相同并且工作岗位也相同的情况下，少数族裔地位对于年薪的净影响的区间是 -3607.609 至 -143.676。回归系数是负数，置信区间内的估计也都是负数，不包括 0，更不包括正数。而且，-143.676 离高压线 "0" 也有些距离，不像 -0.419 那样危险。我们可以在 95% 的信心度上接受这个对于总体参数的区间估计，前提是声明这里做的是单边检验。温馨提示：资方律师可以挑战单边检验，死缠硬打，不同意做单边检验，同时，坚持必须坚守 95% 的信心度。

由此可见，计算置信区间，有个权衡过程，要综合考虑置信区间的信心度、宽度和安全系数。不能片面追求高信心度，否则可能危及置信区间的安全系数。片面追求高信心度固然不可取，但无缘无故地降低追求的信心度，片面追求安全系数，从而牺牲置信区间的宽度，也不可取。例如，如果不追求单边检验 95% 信心度，满足于单边检验 90% 的信心度，结果如下页表。

这个结果显示，做单边检验，在 90% 的信心度上，在总体中，教育程度相同并且工作岗位也相同的情况下，少数族裔地位对于年薪的净影响的区间是 -3224.302 至 -526.983。回归系数是负数，置信区间内的估计都是负数，不包括 0，更不包括正数。不仅如此，区间的上限离高压线 "0" 远了不少。但是，付出的代价是把不少对于总体的可信的点估计排除在了置信区间之外。

系数[a]

模型	非标准化系数 B	非标准化系数 标准误差	标准系数 试用版	t	Sig.	B 的 80% 置信区间 下限	B 的 80% 置信区间 上限
1（常量）	-11575.393	2129.399		-5.436	.000	-14308.168	-8842.618
少数族裔	-1875.642	1050.886	-.046	-1.785	.075	-3224.302	-526.983
工作岗位	13120.868	650.528	.594	20.170	.000	12286.009	13955.727
教育程度	2067.055	174.088	.349	11.874	.000	1843.638	2290.472

a. 因变量：年薪。

SPSS 计算置信区间，默认的信心度是 95%，但允许用户调整信心度，调整有个默认范围，就是等于或大于 50% 并且小于 100%。这个默认设置也饶有深意。计算置信区间，是做完显著度检验的后续研究。换言之，计算置信区间有个前提条件，就是在某个足够的信心度上认为总体参数不是 0。如果只有 10% 的信心认为总体参数不是 0，显然"不足够"，计算样本统计值作为总体参数之估计的置信区间没有意义。信心度不能小于 50%，意思是必须有起码的信心（五五开）认为总体参数不是 0，否则计算"置信区间"没有意义。信心度必须小于 100%，意思是不能追求有十足信心认为置信区间包括总体参数，否则就是想计算一个"无限宽"的区间。不论在"等于或大于 50% 但小于 100%"之间的哪个信心度上估算某个样本统计值作为总体参数之估计的置信区间，目的都是要把眼前已经获得的这个样本统计值作为总体参数之估计的置信区间当成一个"可信的区间"使用。

关于置信区间，有两个常见的不准确说法，立此存照：一是我们有 95% 的信心认为这个区间内的某个估计是总体参数；二是我们有 95% 的信心认为这个区间的中间点（即样本统计值）是总体参数。

小结

计算"置信区间"，是"显著度检验"的后续分析。"显著度检验"告诉我们能在多高的信心度上认为总体参数不是0。如果还想进而估计总体参数大约在什么范围内,就应计算"置信区间"。换言之,只有当一个样本统计值"显著"不同于0时,才会进而计算它作为总体参数之估计的"置信区间"。如果一个样本统计值在统计上不显著地不同于0,就没有必要计算它作为总体参数之估计的"置信区间"。统计显著不等于实质重要,置信区间能更多地反映一个系数是否实质上重要,因此,更关注影响幅度(effect size)的应用研究通常要计算"置信区间"。换言之,p值告诉我们是否能在某个信心度上放弃零假设,也暗示"影响幅度"是否大到值得重视的地步。p值越小,t值相应越大,置信区间距离高压线"0"相应越远。

"置信区间"的理论意义是提醒我们不要把样本统计值等同于总体参数。统计分析是"由此及彼","此"是"样本","彼"是"总体","由此及彼"是根据"样本统计值"估计"总体参数"。统计分析这个"由此及彼"的过程是"惊险的一跃",原因是:总体参数不仅是"未知的",而且往往是"不可知的"。计算了"置信区间",还是不知道总体参数究竟是什么,因为我们不可能知道。但是,"置信区间"有应用价值。我们可以根据"区间"两个"端点"做大略的估算。以雇员数据为例,"应用"置信区间得出的研究结论是:我们有90%的信心认为,在教育程度相同而且工作岗位也相同的情况下,相对于白人而言,少数族裔的年薪"显著地"较低,多则差3607.61美元,少则低143.68美元。究竟低多少,我们无法给出有十足把握的回答，但总比说"低的幅度不是0"准确多了。在概率世界中，一切都可能，无物是必然。统计分析没有绝对的信心和绝对的不信，信心总是个程度问题。计算出置信区间后，唯一要关注的是这个置信区间是否包含0。

从显著度检验到计算置信区间，是量化分析从起步走向深入，也是量化分析从理论走向实践。本章延续《戏说》假设的法庭辩论，是为了说明量化分析有种种权衡，而且学者本人要扮演好每个角色。多角度看问题，多方面权衡，是量化研究的优点，也是量化研究的难点。

赘言

上面的讨论，语境是线性回归，因变量是连续变量，对于回归系数的置信区间来说，"高压线"是0。做对数回归，因变量是概率，测量单位是发生比（odds）的自然对数，解释对数回归系数的意义，会把发生比的自然对数的变化还原成发生比的变化，也就是还原成发生比的比率（odds ratio）。我学对数回归时，多次因为发生比和发生比的比率迷失方向，学会了很快就会忘记，忘了就迷糊。估计不少文科生跟我差不多，所以这里再解释一下这两个概念。

发生比是个比率（ratio），是发生的概率除以不发生的概率，数学表达是正分数。这些正分数可以转换成1，也可以转换成大于1的正数，或者转换成小于1的正小数，但不可能是0，更不可能是负数。温馨提示：《戏说》把odds译为"发生率"，本书译为"发生比"，两种译法都不理想。两个发生比之间的差距是倍数，是odds ratio，本书译为"发生比之比率"。例如，一个发生比是4（发生的概率是80%，不发生的概率是1-0.8=0.2=20%），另一个发生比是0.25，即1/4（发生的概率是20%，不发生的概率是1-0.2=0.8=80%），前者是后者的16倍。比较两个发生比，务必小心比较的语境。比如，如果是解释二分对数回归（binary logit regression）中一个自变量的回归系数，结果显示，当自变量发生一个单位的变化时，因变量是1而非0的发生比，从原来的0.25变成了4，那意味着，自变量发生一个单位的变化，因变量为1的发生比增大16倍。但是，仍然假定是解释二分对数的回归系数，但这里有两个自变量，一个自变量的偏回归系数是正数，还原成发生比的比率是4，另一个自变量的偏回归系数是负数，还原成发生比的比率是0.25。这时要千万注意，如果我们想比较这两个自变量发生一个单位变化会在多大程度上影响因变量的变化，结论是：它们的影响力度相同，方向相反。

大概是因为发生比与发生比的比率经常让人迷惑，本书第六章依赖的两位专家在专著中也特意做了解释，转述如下："解释发生比的比率时，要记住它们是倍数（multiplicative）。意思是，1标志着没有影响，正效应大于1，负效应介于0与1之间。比较一个正效应与一个负效应的大小（magnitude），要先取负效应的倒数，或者先取正效应的倒数。例如，一个发生比的比率是

2，另一个发生比的比率是 0.5＝1/2，这两个发生比的比率的大小相等。"（Long and Freese, p.133）

由于发生比的比率有这个特征，用发生比的比率解释对数回归系数时，回归系数的指数（exponent）的置信区间的"高压线"是 1，也就是说，当自变量发生一个单位变化时，因变量的发生比的比率的变化不能是 1，如果是 1，就是没有变化，也就是说自变量发生一个单位变化对于因变量的影响是 0。我们以雇员数据中是否经理为因变量，以是否少数族裔、性别、教育程度、工作时间为自变量，做二分对数回归，计算四个偏回归系数 95%信心度上的置信区间，结果如下页表。

四个自变量中，男性的回归系数的置信区间的下限十分接近高压线 1，它勉强通过显著度检验（p＝0.044）。工作时间对当经理的概率没有显著影响（p＝0.780），它的置信区间包含了 1，碰了高压线。

分析置信区间的宽度，强调置信区间不能碰高压线，只不过是从另一个角度强调显著度检验的意义。换言之，在一定的信心度上显著的样本统计值，其置信区间在相同的信心度上一定不会碰高压线。反过来说，如果一个样本统计值在一定信心度上的置信区间碰上了高压线，那么这个样本统计值在相同的

方程中的变量

		B	S.E.	Wals	df	Sig.	Exp(B)	EXP(B) 的 95%C.I.	
								下限	上限
步骤 1[a]	男性	.901	.448	4.049	1	.044	2.463	1.024	5.927
	少数族裔	-2.344	.799	8.607	1	.003	.096	.020	.459
	教育程度	1.776	.276	41.435	1	.000	5.906	3.439	10.142
	工作时间	-.005	.019	.078	1	.780	.995	.959	1.032
	常量	-28.715	4.536	40.077	1	.000	.000		

a. 在步骤 1 中输入的变量：男性、少数族裔、教育程度、工作时间。

信心度上就不显著。归根结底，显著度检验与置信区间说的是一回事，只是强调的侧面不同。

（本文初稿在鄙人的微信公众号推出后，一凡、武陵后、周辉三位朋友指出有几个说法不严谨，我根据他们的意见做了修订，谨致谢意！）

第二章
建构回归模型是估体裁衣

模型的意义有很多层。从具体到抽象，可以分为三层。具体的模型，例子是人民英雄纪念碑的浮雕，每个局部、每个细节，都有丰富而具体的象征意义。模型是静的，但捕捉的是连续不断的历史过程中的一个个"富于包孕的片刻"（钱锺书：《读"拉奥孔"》，第53页）。特殊的模型，例子是五星红旗，旗的颜色，星的数量、大小、位置，都有丰富的意义，但抽象程度高于人民英雄纪念碑浮雕的抽象程度。抽象的模型，例子是在医院和红十字会看到的十字架符号，是几何图形。历史学家、宗教学家、神学家、哲学家、文学家的笔下都有十字架，他们思考的是这个图形象征的普遍意义。

量化分析中的模型，用数理统计符号构建，是最抽象的模型。建构回归模型或模型建构，英文有两个常用的说法，一个是 model building，还有一个是 model specification，意思是确定细致勾勒模型。这两种说法都强调建构模型以对现实世界的观察、想象、推测、知识、概念、理论、范式为依据。构建模型的目的，是让研究者借助动态的、具有自己逻辑的符号系统，推断肯定存在然而看不见摸不着的真相与机制，把握纷繁复杂的现象背后的静态截面和动态过程。

本章分两节,分别讨论建构模型的三个循环往复的阶段。第一节,建构模型,相当于估体裁衣。第二节,测试修改模型,相当于试衣改衣。

第一节 建构模型

建构模型分五步:一是选定因变量,二是看清因变量,三是选择解释变量,四是选择中介变量,五是选择控制变量。这五步构成估体裁衣。

一、选定因变量

因变量(dependent variable),是量化研究希望解释的现象。认清因变量,首先是认清那个因人而异的"项"(variable)是什么,其次是看那个"项"如何因人而异(variation)。因变量是研究课题的核心,对一篇论文而言,因变量如头,无头则无面目,文章无人能懂。以医学研究为例,因变量是疾病的有无与轻重。疾病的致命度越高,研究越重要,难度也越大。在社会科学领域,因变量就是问题,选因变量需要问题意识,问题意识就是问:病在甚处(What is wrong with it)?人若无病,世上不会有医学。社会无病,世上不会有社会科学。因变量必须实质上重要,理论上有意义。

因变量的理论意义就是它的"背景",背景就是"从属感"。因变量的背后是概念，概念背后是理论。建立因变量的从属感，需要抽出具体的因变量背后的抽象概念，进而找到这个概念所属的理论。欧博文老师说，写文章的关键是给一个经验观察找到理论钩子。确立因变量的过程，就是寻找"钩子"的过程。首先得有个可以钩也值得钩的东西，比如一块宝石。其次得有个钩子阐明寻获的宝石的意义，这需要大致了解基本理论文献和学术界总体状况。建构因变量，相当于把宝石镶到王冠上。宝石埋在土中没有价值，被挖出后进入人的价值体系才有价值。宝石的价值是相对的，取决于它出现的位置。

二、看清因变量

选定因变量，下一步是尽量看清因变量，分两步走。第一步，看因变量的测量层级，看它是连续变量（continuous variable）还是非连续变量（discontinuous variable）或离散变量（discrete variable）。表面上离散的变量有两种：一是定类变量，各个类别彼此排斥，例如宗教信仰是定类变量，各信仰之间基本呈非此即彼关系；二是定距变量与定序变量，测量方式断断续续，但被测量的对象藕断丝连。例如，雇员数据中，"是否经理"表面看是二分变量，非此即彼，但作为因变量，它的背后有个潜在的连续概率。所以，选择是否经理为因变量，就是选择当经理的概率为因变量。

第二步，看变量之变，看变量的分布，或者说，看变量长什么样子。在社会科学研究中，分析连续的因变量之变，一般采用线性回归。不过，采用线性回归前，先看看因变量长什么样,看是否有异常值(outliers)。有一年在复旦开会,洪永泰教授指出,一位学者的数据中有异常值,如果遵守方法论要求,把这个异常值排除在数据之外,那么这位学者做出的线性回归系数就不显著。可见,如果不努力看清因变量之变,就可能犯灾难性的错误。下面用雇员数据为例说明异常值问题。使用本章的练习数据 employee data recoded CHN.sav,分析少数族裔、是否经理、教育程度如何影响年薪,结果如下:

系数[a]

模型	非标准化系数 B	非标准化系数 标准误差	标准系数 试用版	t	Sig.
1 (常量)	7697.047	2471.989		3.114	.002
少数族裔	-768.351	1070.696	-.019	-.718	.473
经理	28361.154	1444.840	.635	19.629	.000
教育程度	1620.648	189.542	.274	8.550	.000

a. 因变量:年薪。

虽然这样的分析面临内生性问题,但结果符合常识和理论预期。为了说明异常值问题,我把雇员数据中第4号雇员的年薪从21 900美元改为5亿美元,把修改后的变量命名为"虚拟年薪"。然后分析少数族裔、是否经理、教育程度如何影响虚拟年薪,结果如下:

系数[a]

模型		非标准化系数		标准系数	t	Sig.
		B	标准误差	试用版		
1	(常量)	13722817.67	5986486.243		2.292	.022
	少数族裔	-1752087.893	2592935.481	-.032	-.676	.500
	经理	2697248.419	3499009.736	.045	.771	.441
	教育程度	-943342.350	459019.495	-.119	-2.055	.040

a. 因变量：虚拟年薪。

结果不符合常识和理论预期。经理比非经理年薪高，符合常识与理论预期，但影响不显著。教育程度对年薪有显著影响，但影响是负的，相当于"搞导弹的不如卖茶叶蛋的"。这两个异乎寻常的分析结果，都是因为数据中有个"异常的"雇员，只上过八年学，不是经理，然而年薪五亿。分析这样的数据时，先看看数据录入是否有误，如果没有，就得把这个异常的雇员请出数据库。当然，最好能提供言之成理的理据，比如说，经过深入调查，发现这个异常员工其实是大老板，不是雇员。

斯坦福大学的罗斯高教授（Scott Rozelle）提醒他的学生，分析数据的第一步是计算各个变量的频次分布，看看是否正常。这个建议很简单易行，然而极为重要，也不那么容易一贯遵守。温馨提示：一个常见的误解，是认为最小二乘回归要求因变量正态分布，其实不然。

三、选择解释变量

看清了因变量之变，下一步是选择解释变量（explanatory variable）或预测变量（predictor of interest）。一般来说，选择因变量，创新空间较小。以医学为例，发现一个新的因变量，是发现一种新疾病，很少见，所以往往用发现者的名字命名他们发现的新疾病，如"帕金森综合症"。选择解释变量，创新点很多。最重要的创新是发现新的解释变量。例如，胃溃疡是因变量，两位澳大利亚科学家发现幽门螺杆菌是重要解释变量，赢得了诺贝尔奖。无缘发现新的解释变量，创新点是已经发现的解释变量的影响方向、力度、机制。这样的创新可以是修修补补，也可以是扭转乾坤，例如重新解释胆固醇对心血管疾病的影响，就具有一定的革命性。多数情况下，学者选定一个因变量后，就基本上选定了自己的学术生涯或研究领域，研究的功夫集中在选择解释变量。在这个阶段，需要吃透文献，不能大而化之，否则很难证明自己研究的创新和价值。

四、选择中介变量

谈到因果关系，常说因果链条，顾名思义，链条的一个环节套一个环节。区分因变量与解释变量，假定二者是两个彼此直接勾连的环节。但是，解释变量与因变量之间往往有中间环节。选择中间环节，要看清变量之间的逻辑次序。仍以雇员数据为例，解释年薪因人而异，我们可以对教育程度和少数族裔地位等量齐观，都视为解释变量，也可以假定少数族裔地位不直接影响年薪，只通过影响教育程度影响年薪（详见本书第七章）。这样看，就是把教育程度选定为少数族裔地位影响年薪的中介变量（mediator 或 mediating variable）。

五、选择控制变量

选择控制变量（control variable）分两种情况。在研究过程中，选择控制变量只讲科学。选择、决定是否把某个变量纳入回归模型，只依据经验数据的实况和理论建构的需要。不过，现实生活总是离不开政治，选择控制变量也要讲点学术政治。有些研究论文近乎精致的垃圾，但是走运出现在正确的期刊中。为了表示有职业精神，尊重同行，需要引用内心不重视甚至不信服的文献，把这些文献中的解释变量作为控制变量纳入回归模型，不失为聪明的选择。

第二节 测试修改模型

建构模型如做衣服。看清因变量、选择解释变量、中介变量、控制变量是估体裁衣。说是估体，因为社会科学的测量水平往往是"姑妄言之"，达不到量体的水平。当裁缝，做的衣服必须合身，模型必须契合数据，这是由模型的功能决定的。模型是对样本状况的描述，描述样本的目的是推断总体。模型描述的是样本中变量之间的关系，关系包括方向与力度，统称样本统计值。研究者根据模型推断总体中变量之间的关系，关系包括方向与力度，统称总体参数。模型就像人的衣服，数据像一个人的身材，回归分析假定模型适合数据，相当于假定一件衣服对某个人合身，进而根据模型反映的这个人的身高腰围来判断这个人所代表的那许多人的身材,即总体参数。

模型有是否合身之别,无真假之分。"合身"不等于"真","真"是排他的,非真即假。另外,合身是相对的,没有绝对的合身。所以,建构模型只追求与数据的"合身度",即拟合优度(goodness of fit),不讲模型是否"真",也不追求模型"完美合身"。每个人都有很多件尺寸不一然而同样"合身"的衣服,同样,一个数据也可以有很多不同然而都"合身"的模型。构建模型体现概率思维,概率思维追求但不指望获得绝对真理。

衡量模型的合身度,即拟合优度,有三个指标。第一,不能张冠李戴,选错模型。例如,雇员数据中的工作岗位(jobcat)貌似三层级定序变量,实则为定类变量,如果以它为因变量,选择定序回归,就是张冠李戴。需要做重新编码,构建成一个二分定序变量,1=经理,0=非经理,做二分对数回归,构建的模型才可能合身。我们衡量衣服是否合身,首先看整体结构是否合体。总而言之,衡量回归模型,首先看模型是否适合因变量。因变量是连续变量,如年薪,用最小二乘回归。因变量是二分定序变量(binary ordered variable),用二分对数回归(binary logistic regression)。因变量是定序变量(ordered variable or ordinal variable),用定序回归(ordinal regression or ordered logit regression)。

第二,不能缺领少袖,漏掉关键解释变量或控制变量,即模型有偏误,忽略了关键变量(omitted variable bias)。衣服要合身,最基本的条件是关键部件应有尽有,好比做衬衣,不能缺领少袖。

第三，不能画蛇添足，仍然以做衬衣为例，不能为了追求拟合优度添一个束腰。把不相干的变量纳入回归模型，如同做上衣多做一条袖子。增加不必要的装饰，虽然不会制造偏误，但会导致过度拟合（overfitting）。为了提高判定系数，在线性回归模型中纳入似是而非的自变量，就是画蛇添足。

检验模型的方法很多，树立模型合身意识，具体的检验技术，需要用哪个，就认真学哪个，不需要用的，知道就行。做社会科学研究，要留意最常见的模型检验。例如，做定序回归要注意平行线检验，即布兰特检验（Brant Test）（详见本书第五章和第六章）。做历时数据分析，需要检验固定效应模型（fixed effects model）与随机效应模型（random effects model）的分析结果是否有显著差异，即德斌—吴—豪斯曼检验（Durbin-Wu-Hausman Test），简称豪斯曼检验。做结构方程建模，要保证模型拟合度能通过被广泛接受的几种渐进拟合检验，如CFI、TLI（详见本书第七章）。加州洛杉矶大学的数码研究与教育研究所的网站（UCLA Institute for Digital Research and Education），介绍了关于线性回归的四种检验，同时指出，四种检验的对象的重要性不相同，"线性"（linearity）"很重要"（big deal if violated）；"方差齐性"（homogeneity of variance, or homoscedasticity）"不那么重要"（not as big deal if violated）；"正态性"（normality）"不那么重要"；"独立性"（independence）"极为重要"（huge deal if violated!）。这一节只提醒各位留心检验模型，不做详细介绍。

小结

建构模型是估体裁衣，有三层意思。其一，建构模型的目的是根据样本推断统计。其二，推断的根据是样本为总体的概率样本，我们有信心认为它在一定程度上反映了总体的情况。其三，推断的手段是构建一个与样本合身的模型，套在样本身上，计算感兴趣的样本统计值，依据样本统计值推断总体参数。我们根本看不见总体，只能模模糊糊看见样本。估体，就是估摸样本的基本形状和结构；裁衣，就是构建模型，给样本做衣服，希望它合身。构建回归模型的理想目标是，构建的模型与样本数据契合，不仅如此，研究者满心希望模型中的变量之间的关系反映或折射总体中变量之间的关系，这样，模型就有助于学者探索猜测总体中相关参数之间互动机制或作用过程，而这些机制或过程是相关样本统计值出现的系统原因。

构建模型是量化研究的基础，重要性不言自明。构建模型中容易出现的问题，也如同打地基时可能出现的问题，有些是明显的，例如模型不适用；有些是隐藏的，比如地产界说的短桩，即打入地下的桩脚比设计得短，属于可能造成严重安全隐患的偷工减料。学术研究的良心方面，在构建模型上表现得最明显。一个模型，加上新的变量，你盼望显著的系数变得不显著了。如果想把这个变量拿出去，需要在理论上做论证。计量分析有个隐含假定,就是模型适合数据。构建模型的目的,不是找到一个拟合度最高的模型,是为了检验假设。比如,假如某项研究说变量 X 对变量 Y 有系统影响,而你通过多元回归分析证明 X 对 Y 没有系统影响,也是个有意义的发现。学术刊物发表的论文中的回归模型,经常有不显著的自变量。简单说,不能因为某个变量不显著就把它排除出回归模型。构建回归模型,依据的是现有的理论和研究文献。每个学科的回归模型都有一些变量是常客。比如,政治学与社会学的回归模型一定包含性别、年龄、教育程度这几个人口学变量(demographic variables)。原因是,这几个变量的背后是个研究范式,即人的社会政治态度价值观等与这几个变量有系统的关系。即使它们在具体课题中对因变量没有显著影响,也要把它们包括在回归模型内。

  计量分析,归根结底是靠模型说话。计量学者互相竞争,比模型的合适;同等合适,比精致;同等精致,比简洁。计量学者彼此批评时,最严厉的指责是模型误建(model misspecification),即该放的变量没放进去,不该放的放进去了。模型有偏差,根据模型做的推断必然有偏差。计量方法研究发展很快,新模型层出不穷,检验手段日新月异,我们无法在严格意义上跟进方法论研究的进展,唯一可行的策略仍然是开放的实用主义。一方面保持对新模型、新检验的兴趣,另一方面量力而行,需要时再下功夫深入了解新模型和新检验。

第三章
最大似然估计是扮演神探

这一章以雇员数据为例子，解释最大似然估计的逻辑，分三节：第一节，用最小二乘回归分析教育程度如何影响当经理的概率；第二节，用二分对数回归分析教育程度如何影响当经理的概率；第三节，复原二分对数回归的估计过程，解释作为一种思维方式的最大似然估计。

第一节 用线性回归预测当经理的概率

把雇员数据的工作岗位（jobcat）转换成二分变量（binary variable），"manager"（是否经理），1=是，0=否。是否经理是个二分定序变量。从社会经济地位角度看，经理高于非经理。这个二分定序变量之变，表层意思是现实情况，非此即彼，要么是经理，要么不是经理；深层意思是过去的可能性，即雇员在过去当经理的概率。用最小二乘回归分析0到1的因变量，相当于把从0到1视为一条直线，这条直线可以穿过0和1，包含小于0的负数和大于1的正数。以教育程度为自变量，测量单位是上学的年数,变化幅度是8至21,参见本书第三章的练习数据,employee data recoded CHN.sav。我们先做最小二乘回归,分析雇员的教育程度每增加一年对于雇员当经理的概率会产生什么影响,即分析影响的方向和幅度,结果见下表:

系数[a]

模型		非标准化系数		标准系数	t	Sig.
		B	标准误差	试用版		
1	(常量)	-.905	.067		-13.509	.000
	教育程度	.080	.005	.605	16.520	.000

a. 因变量:经理。

把数据中教育程度与是否经理的关系画成散点图,标出最小二乘回归线,图形如下:

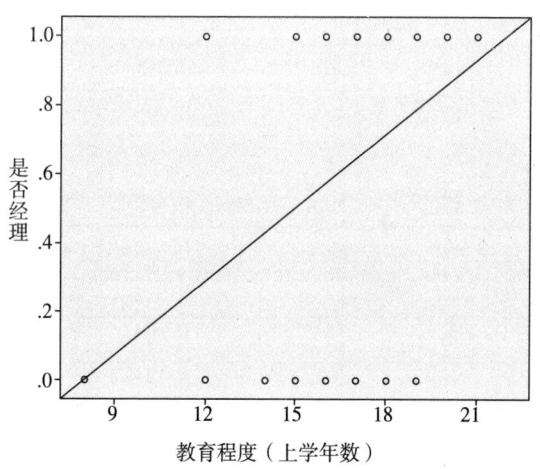

把最小二乘回归的结果写成回归模型:

$$当经理的概率 = -0.905 + 0.08 * 教育程度 + 误差$$

假定教育程度可以完美解释当经理的概率，即假定误差项等于 0。数据中，最高教育程度是上过 21 年学，假定总体中雇员的最高教育水平是上过 24 年学。根据这个回归模型预测雇员的教育程度每增加一年对于雇员当经理的概率的影响，也就是计算与不同教育程度对应的当经理的概率，得到表 1 所示的结果。

表 1　根据最小二乘回归预测不同教育程度的员工当经理的概率

教育程度	当经理的概率
8	−0.265
11	−0.025
12	0.055
13	0.135
14	0.215
15	0.295
16	0.375
17	0.455
18	0.535
19	0.615
20	0.695
21	0.775
22	0.855
23	0.935
24	1.015

根据最小二乘回归模型预测出了逻辑上荒谬的结果，即小于 0 和大于 1 的概率。教育程度低于 12 年，当经理的概率是负数；教育程度超过 23 年，当经理的概率大于 1。

第二节　用二分对数回归预测当经理的概率

如上所述，因变量为是否经理，该变量之变，表层意思是现实情况，非此即彼，要么是经理，要么不是经理；深层意思是员工在过去当经理的可能性，即雇员在过去当经理的概率。二分对数回归不把概率从小到大的变化描绘为一条直线，而是先把概率转变成发生比，再取发生比的自然对数，然后用自然对数从负无穷经过 0 到正无穷的 S 型曲线描绘概率从小到大的变化。为了便利，这里重复一段《戏说》的话：这里的因变量之变，是过去的概率之变，变化的测量单位是发生比的自然对数，即 logit，logit 是 logarithm of it 的缩写，it 是 odds（发生比），odds（发生比）是一个事件发生的概率与其不发生的概率的比率。仍以教育程度为自变量，测量单位是上学年数，变化幅度是 8 至 21。二分对数回归的结果如下：

方程中的变量

	B	S. E.	Wals	df	Sig.	Exp（B）
步骤 1[a] 教育程度	1.675	.237	49.850	1	.000	5.341
常量	-27.199	3.727	53.257	1	.000	.000

a. 在步骤 1 中输入的变量：教育程度。

把回归结果写成回归模型：

当经理的发生比的自然对数 = -27.199+1.675 * 教育程度

温馨提示：专家认为，对数回归或广义线性模型（generalized linear model），对因变量取值的预测建立在条件分布（conditional distribution）的基础上，而不建立在"平均值+误差"的基础上，所以，写对数回归模型，不写误差项。

仍然假定教育程度可以完美解释当经理的概率，仍然假定总体中雇员的最高教育水平是上过 24 年学，根据这个二分对数回归模型，预测雇员的教育程度每增加一年对于雇员当经理的概率的影响。先计算与不同教育程度对应的当经理的发生比的自然对数，然后取当经理的发生比的自然对数的指数（exponent）或反对数（antilog），从而把预测出的当经理的发生比的自然对数转换成当经理的发生比（即当经理的概率除以不当经理的概率），再把发生比转换成与它们对应的当经理的概率，也就是计算与不同教育程度对应的当经理的概率，得到表 2 所示的结果。

表2 根据二分对数回归预测不同教育程度的员工当经理的概率

教育程度	发生比的自然对数	发生比	概率
8	-13.799	0.0000010166	0.000001
11	-8.774	0.0001547	0.0015
12	-7.099	0.0008259	0.0008
13	-5.424	0.0040941	0.0041
14	-3.749	0.0308382	0.0299
15	-2.074	0.1256820	0.1116
16	-0.399	0.6709907	0.4015
17	1.276	3.5822819	0.7818
18	2.951	19.125069	0.9503
19	4.626	102.10482	0.9903
20	6.301	545.11675	0.9982
21	7.976	2910.2668	0.9996
22	9.651	15537.318	0.9999
23	11.326	82950.556	0.99999
24	13.001	442856.027	0.999997

用对数回归分析雇员的教育程度每增加一年对于雇员当经理的概率的影响，得到的结果合乎逻辑，概率无论怎么减小，也变不成0，无论怎样增大，也达不到1。概率的特点就是永远介乎"0"与"1"之间。

把表1与表2的内容汇总到一个SPSS数据库中，把数据库命名为"education and manager"。做两个散点图，可以直接看到教育程度与预测出的当经理的概率。根据线性回归结果计算当

经理的概率,做出的教育程度与概率的散点图如下:

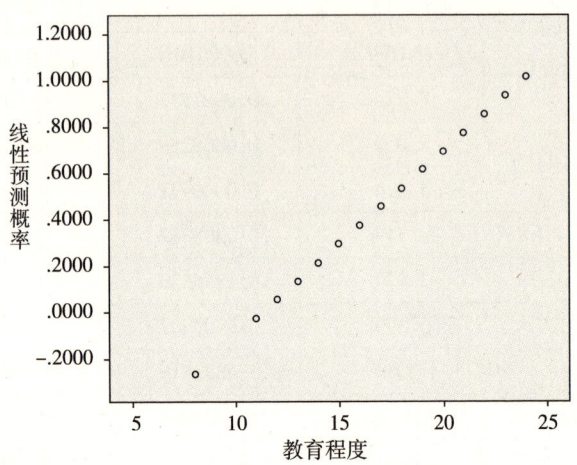

根据对数回归结果计算当经理的概率,做出的教育程度与概率的散点图如下:

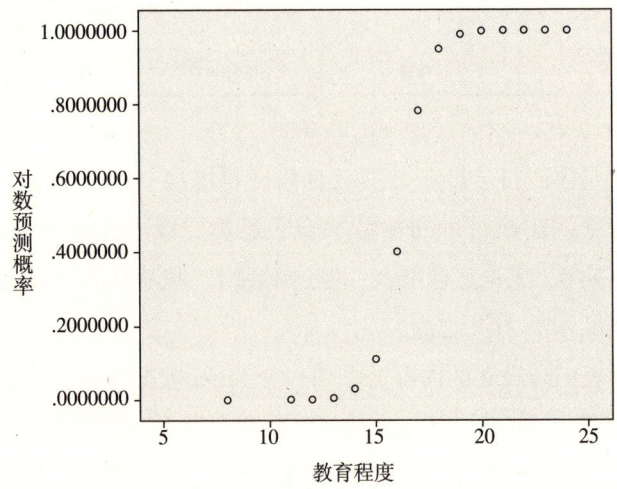

第三节 还原最大似然估计的过程

现在我们根据二分对数回归输出的迭代史，还原最大似然估计的过程。研究假设：教育程度对于当经理的概率有系统影响。零假设：教育程度对于当经理的概率没有系统影响。

一、先做显著度检验

由于教育程度是连续变量，可以做相关分析，看自变量与因变量是否显著相关。相关分析结果显示，教育程度与当经理的概率显著正相关，Pearson's r＝0.605，p<0.001。也可以做卡方检验，结果与相关分析的结果一致。

相关性

		经理	教育程度
经理	Pearson 相关性	1	.605[**]
	显著度（双侧）		.000
	N	474	474
教育程度	Pearson 相关性	.605[**]	1
	显著度（双侧）	.000	
	N	474	474

[**] 在.01水平（双侧）上显著相关。

最大似然估计的起点是假定零假设成立，这时的回归模型只有一个常项，即教育程度对当经理的概率影响为0时，当经理的发生比的自然对数是-1.535，亦即发生比为0.215，概率是17.72%。这个概率就是雇员数据中所有员工当经理的条件概率，474名员工，84名经理，84/474=0.1772。这个模型是最大似然估计的初始模型，可以称为零号模型。

方程中的变量

	B	S. E.	Wals	df	Sig.	Exp（B）
步骤0　常量	-1.535	.120	162.918	1	.000	.215

相关分析或卡方检验发现，教育程度对当经理的概率有显著的正面影响。零假设认为没有影响，根据零假设预测当经理的概率会产生误差，误差有两个表现：一是低估教育程度较高的人当经理的概率；二是高估教育程度较低的人当经理的概率。在下面的交叉列表中，可以看到这个趋势，教育程度"较低"与"较高"的分界线在"15年"至"16年"之间，前面的散点图也反映了这个分界线。

经理 * 教育程度交叉制表

			教育程度									合计
			8	12	14	15	16	17	18	19	20	21	
经理	0	计数	53	189	6	112	24	3	2	1	0	0	390
		期望的计数	43.6	156.3	4.9	95.4	48.5	9.1	7.4	22.2	1.6	.8	390.0
	1	计数	0	1	0	4	35	8	7	26	2	1	84
		期望的计数	9.4	33.7	1.1	20.6	10.5	1.9	1.6	4.8	.4	.2	84.0
合计		计数	53	190	6	116	59	11	9	27	2	1	474
		期望的计数	53.0	190.0	6.0	116.0	59.0	11.0	9.0	27.0	2.0	1.0	474.0

二、阅读二分对数回归的迭代史

现在看二分对数回归的迭代史。

迭代历史记录[a,b,c,d]

迭代		−2 对数似然值	系数	
			常量	教育程度
步骤1	1	311.225	−5.619	.321
	2	230.921	−10.667	.637
	3	197.669	−16.106	.976
	4	185.797	−21.553	1.317
	5	183.132	−25.616	1.575
	6	182.943	−27.072	1.667
	7	182.941	−27.198	1.675
	8	182.941	−27.199	1.675

a. 方法：输入；
b. 模型中包括常量；
c. 初始−2 对数似然值：442.853；
d. 因为参数估计的变化幅度小于 .001，所以估计在迭代次数 8 处终止。

迭代史的注释中，编号为"c"的内容是，初始负二倍是442.853，意思是，初始模型是零号模型，负二倍是442.853。重复一下《戏说》的讨论：这里出现了两类零假设。第一类，关于变量之间关系的零假设，即假设回归系数是 0。如果是多元回归，回归系数指的是偏回归系数。第二类，关于模型与数据之间关系的零假设，即关于模型与数据之间差距的零假设。模型是衣服，数据是身体，衡量二者差距的指标很多。以卡方值或负二倍为指标,指标值越小,模型与数据完美契合的概率越高,模型的契合度或拟合优度越高。(参见《戏说》,第236-238页)

迭代史中的"步骤"是估计步骤,一共8步。第1步,是放弃零号模型,构建1号模型。第2步,是放弃1号模型,构建2号模型。以此类推,第8步得出的8号模型仍然不是完美契合数据,但改进幅度已经可以忽略不计,估计于是终止。最终模型,就是前面看到的二分对数回归的结果,如下:

方程中的变量

	B	S. E.	Wals	df	Sig.	Exp(B)
步骤1ª 教育程度	1.675	.237	49.850	1	.000	5.341
常量	-27.199	3.727	53.257	1	.000	.000

a. 在步骤1中输入的变量:教育程度。

最终模型与零号模型相比,改进幅度巨大,衡量标准是卡方值减小了259.9。这里的卡方值是根据模型做出的预期值与观察值之间的差距计算的。如果模型与数据完全契合,卡方值是0。卡方值越小,模型的拟合优度越高,所以,卡方值的减小意味着拟合优度的提高。这里看到的卡方值的减小幅度高度显著。

模型系数的综合检验

		卡方	df	Sig.
步骤1	步骤	259.911	1	.000
	块	259.911	1	.000
	模型	259.911	1	.000

如果有兴趣具体分析教育程度的提高究竟如何影响当经理的概率，需要做后估计分析，参见本书第六章。

三、最大似然估计的逻辑

最大似然估计是一种聪明的思维方式，很像扮演侦探，或扮演事后诸葛亮，包含一个起点、三个步骤。

起点：从观察因变量的现实出发，先看清现实，然后，先假定自变量与因变量的回归系数是0，根据这个假定推测现实发生的可能性。如果预测与现实差距显著，就放弃零假设，同时根据预测误差判断如何调整零号模型中的回归系数。

第一步，如果零号模型作出的预测高于现实，就把零号模型的回归系数下调为负数；如果预测低于现实，就把系数上调为正数。换言之，最大似然估计的分析起点上有三个点：一是自变量与因变量关系为0，这是零假设；二是自变量与因变量完美正相关；三是自变量与因变量完美负相关。放弃了0，就把分析框架简化了。选择把回归系数从零上调为正数，就不再考虑回归系数为负的可能性；选择把回归系数从零下调为负数，就不再考虑回归系数为正的可能性。后续的分析，目标就是逐步调大回归系数的绝对值，直到回归系数的绝对值的变化幅度小于一个预定的值，比如千分之一。在调整过程中，要考虑两个因素，既要以自变量之变可以完美预测因变量之变为目标，又要以回归模型最大程度符合数据为目标。为了兼顾两个目标，先对回归系数做微调。微调的结果就是1号模型。

第二步，微调回归系数后，相当于回到一个离现实很遥远的过去。这个过去,比 0 接近现实。是否显著接近,指标为负二倍是否显著减小。但这个过去并不是最接近现实的,指标是负二倍仍然显著。后续的步骤,就是根据上述两个指标继续微调回归系数的绝对值。这样做,相当于放弃关于 1 号模型完美契合数据的零假设。

第三步,根据预设的标准,模型已经无法再显著接近现实。虽然最终模型与数据差距仍然显著,也接受它为最大似然估计。

小结

最大似然估计是聪明有趣的思维方式。即使我们不知道"最大似然估计"这个术语,平时也经常用最大似然估计的方式思考面临的问题。为了事业更成功,我们应该怎样修正自己的行动?怎样把生活变得更如意或更幸福?怎样才能提高工作效率?诸如此类的思考,都是最大似然估计。例如,你今天感觉不错。感觉不错,是个判断。这个判断是相对于过去某个时刻的感觉作出的。你今天感觉不错,意味着在过去某个时刻你感觉不如今天好。这时,你就有动力去分析,在过去某个时刻,你感觉不如今天,究竟发生了什么?为什么那个时刻你的感觉不如今天?为什么要分析?因为我们希望持续今天的良好感觉,希望明天、后天、大后天、长远的将来,像今天这样感觉良好。相反,如果你今天感觉不大好,或者感觉比较差,这个感觉也一定是相对于过去某个时刻的感觉。今天感觉比较差，说明过去某个时刻感觉比较好。这时，你就要分析，在过去某个时刻，到底是哪些因素让你感觉比较好。做这样的分析，原因是希望明天不像今天这样感觉这么差，而是像过去某个时刻一样感觉比较好。在这两种情况下，分析过去，都是为了展望未来。影响感觉的，总是有很多个因素。我们往往并不清楚到底是哪些因素、各自在多大程度上影响我们的幸福感。不管今天是感觉良好还是感觉不好，我们都想分析出，是哪些因素、各自在多大程度上影响今天的感觉。分析的起点是比较。我们只能把今天的情况跟过去的情况作比较，没办法把今天的情况跟未来的情况做比较，因为未来的情况还没有发生。所以，认识过程总是先看现实，然后把现实与过去做比较，接下来是分析到底哪些因素、在哪种程度上造成了过去的感觉。认识了过去，就可以推断出，到底是哪些因素、在哪种程度上导致了今天的感觉。这个思维过程就是最大似然估计。

最大似然估计涉及两类零假设。不仅如此，对待关于模型与数据零差距的零假设，我们的心态富有矛盾和张力，煞似人生历程。在估计的起点，面对两类零假设，都想放弃，如同年少气盛，想把彩虹抓到手里。从第一步起，面对第二类零假设，患得患失。一方面，想放弃，因为放弃意味着进一步修正，意味着功绩增加。另一方面，知所进退，承认人力不可胜天。进退有据的标准可以自己设立，SPSS 的默认设置是 0.001，也就是说，如果估计的总体参数的变化幅度小于千分之一，就终止估计，统计学家把终止估计叫作收敛。终点：不完美，然而已经尽力。最终模型离现实仍然遥遥千里，但是，它比起零号模型已经显著接近，而且已经无法更接近。

做最大似然估计，很像扮演侦探角色。侦探开始工作时，事情已经发生了。高明的侦探和不高明的侦探，区别就在于能否准确重构已经发生的事。数学家是世界上最聪明的人，他们设计的最大似然估计算法，最接近神探。由此也可见，统计分析是十分好玩的智力游戏，宛如夜观天象，越看越着迷。统计专家每发明一个新统计技术，就相当于发明了一种新型的望远镜，让我们看得更远更清晰。古人看天象全凭肉眼，最小二乘回归相当于光学望远镜，最大似然估计相当于射电望远镜。

第四章
定序回归的优点就是难点

做社会科学研究,因变量经常是定序变量,需要做定序回归。但是,定序回归比较麻烦,一是选模型有些复杂,二是解释回归结果比较费事。这一章分为三节。第一节讨论定序变量作为因变量的特点,第二节介绍定序回归的优点和难点,第三节谈如何解释定序回归的结果。

第一节 作为因变量的定序变量

一、三类定序变量

社会科学中的定序变量,一般采用李克特量表(Likert scale),这个量表可以有二到十个点或层级。这是广义的定序变量。常见的定序变量是四或五个点,或四或五个层级。"序"的层级(ranks)分得越多,定序变量之变越复杂。但是,层级等于或超过了七,定序变量之变又忽然变简单了,因为社会科学界认为可以把层级等于或超过七的定序变量视为连续变量,直接用最小二乘回归分析。例如,"中国调查"中有关于国情评价的问题，设立11个层级，从0到10，实际上是定序变量，但可以被视为连续变量，测量的是评价或信心，信心可以是0，可以是正数，可以是负数，可以加减乘除。

最简单的定序变量是二分定序变量，被认定是测量发生的概率，测量概率的单位，采用发生比的自然对数。《戏说》第六章有详细介绍，这里简单重复一下。二分变量有两类：一类是定类变量，如是否男性，0=否，1=是；另一类是定序变量，如是否及格，0=不及格，1=及格。作为定类变量的二分变量也可以作为因变量，例如是否有宗教信仰，0=无，1=有，就是个二分定类变量。不过，作因变量的二分变量多数是二分定序变量，例如雇员数据中的是否经理。另外，不论作为因变量的二分变量是定类还是定序，因人而异的那个"变量"，都是由小到大的概率，概率的变化是连续的、隐含的，这隐含的概率变化才是真正的因变量。我们通常把概率由小到大的变化想象成一条从0到1的直线。但是，如果对变化区间为0和1的因变量做线性回归，会得出逻辑荒谬的结果，即预测出小于0或大于1的概率。我们通常用两个方法转化概率：一是 logit（发生比的自然对数），二是 probit（累积概率标准值）。probit 和 logit 是概率的两种数学表达式，都满足两个条件。其一，它们从负无穷经0到正无穷的变化，能反映概率从极小到极大的变化；其二，它们代表的概率不超越边界，小只能无限趋近0，大只能无限趋近1。probit 和 logit 十分近似，没有实质区别。

定序回归（ordinal regression）的因变量是有三到六个层级的

定序变量。例如，三个层级（"小""中""大"），四个层级（"差""中""良""优"），五个层级（"很差""较差""一般""较好""很好"）。这类定序变量处境尴尬，上下够不着。其一，它们没有二分定序变量具备的非此即彼的干脆；其二，它们分的层级不够细，没有达到有魔力的七。

二、定序变量之变

定序变量的实质内容是个连续变量。例如，用五个层级测量人际信任：（1）很不信任，（2）不信任，（3）半信半疑，（4）信任，（5）很信任。结果得到一个定序变量，但信任是个连续变量。以半信半疑为0，往左是不信任，负数，一直到负无穷，极端不信任是"说破天也不信"；往右是信任，正数，一直到正无穷，极端信任是"刎颈之交"。但是，正如在分析二分定序变量时一样，我们不能简单地把定序变量反映的概率变化当成连续变量，也就是说，不能简单地运用线性回归，否则也会预测出大于1和小于0的概率。所以，做定序回归时，也需要以恰当的数学方式表达概率的变化。处理二分定序变量，要么用发生比的自然对数，即logit，要么用累积概率标准值，即probit。但是，当定序回归处理变量有三到六个层级时，不能简单采用这两种数学表达式。原因有两个。

第一，定序变量之变是累积概率之变。仍以雇员数据为例。474名员工中，84名经理，390名非经理。做二分对数回归，起点是现实世界中实际存在的概率分布，换言之，起点是已经变成现实的概率。为了避免预测出逻辑荒谬的结果，不能把已经实现的概率表达为1，即必然，只能表达为无限接近发生比的自然对数的正无穷；同样，不能把未实现的概率表达为0，即不可能，只能表达为发生比的自然对数的负无穷。雇员中经理的现实分布是分析的起点，把经理界定为1，非经理界定为0，计算每个员工当经理的概率十分简单，就是84/474=0.1772，每个员工当经理的平均概率是17.72%。对概率进行转换，也很直截了当。概率是0.1772，对应的发生比是0.1772/(1-0.1772)=0.21538，发生比的自然对数是-1.535。但是，如果雇员中还有个工作岗位是副经理，情况就复杂了。例如，我修改了雇员数据，在本章的练习数据employee data recoded CHN.sav中，有个变量"虚拟工作岗位"，假定474名雇员中，24名经理，60名副经理，390名普通员工。我们关心的仍然是雇员当经理的概率，但这时的因变量变成了三层级的定序变量。从普通员工起步，先当副经理，然后晋升经理。为了便利，我把普通员工编码为1，副经理编码为2，经理编码为3。可是，我们做定序回归时，关心的仍然是当经理的概率从无限接近0到无限接近1，只不过这个过程中出现了一个必经的台阶，就是从普通员工变成副经理的概率。换言之，原本单纯的从0到1的过程，中间加了数，比如说是0.7，变成了：无限趋近0-0.7-无限趋近1。作为分析起点的现实描述，也变复杂了。分成了三步。第一步，计算每个雇员当经理的概率，就是24/474=0.0506，每个雇员当经理的平均概率是5.06%。第二步，计算每个雇员当副经理的概率，就是60/474=12.66%。第三步，每个雇员是普通员工的概率,就是390/474=82.28%。从普通员工到经理,起点是普通员工,给定雇员总数,给定岗位层级数,我们会看到两个现象。其一,给定普通员工的百分比,即当普通员工的概率,就决定了副经理和经理的百分比。例如,在虚拟的数据中,普通员工占82.28%,这就决定副经理和经理的百分比是17.72;如果普通员工占72.28%,这就决定副经理和经理的百分比是27.72。其二,给定普通员工和副经理的总百分比,亦即当普通员工或者副经理的概率,就决定了经理的百分比。例如,在虚拟的数据中,普通员工与副经理占94.94%,这就决定经理的百分比是5.06;假如普通员工与副经理占82.28%,这就决定经理的百分比是17.72。看当经理的概率时,起点是普通员工,看到当普通员工的概率;目光往上移动一个台阶,看到的貌似只是当副经理的概率,但因为我们关心的是当经理的概率,看到的实际是当普通员工或副经理的累积概率。这个关于累积概率的讨论过于抽象,可以参见第五章的实例。

以上是只有三个层级的定序变量之变中的累积概率。层级越多,累积概率越显得复杂。以人际信任为例,如果关注点是最高级的信任如何产生,那就把"很信任"编码为5。因为有一个层级的信任是受关注的目标,人际信任这个定序变量之变就不再是泛泛意义上的连续变量,而是变成了一个有起点、有终点的连续变量。

以泰山为喻,起点是岱庙,终点是玉皇顶。从起点到终点,是个登高过程,这个过程,逻辑上可以无限细分,现实中分为数千个台阶。(温馨提示：如果对哲学史有兴趣，可以想到著名的芝诺悖论和"飞矢不动"。)设想一个巨人，四步登上玉皇顶：岱庙→红门→中天门→南天门→玉皇顶。细致些说，攀登泰山，起点是第一台阶（岱庙），跨一步到第二台阶（红门），迈第二步到达第三台阶（中天门），登第三步到达第四台阶（南天门），攀第四步"会当凌绝顶"，抵达第五台阶（玉皇顶）。为了便利，我们假定每个台阶的高度大致相等。我们有兴趣研究巨人的攀登过程，前提是他到了玉皇顶，我们想分析他是如何一步一步登上来的。也就是说，巨人登泰山的实际过程，是从岱庙到玉皇顶。但是，对巨人登泰山过程的分析，是以玉皇顶为分析起点。巨人登临玉皇顶是我们的关注点。

　　以定序变量的最高点为分析起点，与直觉相符，是理解定序变量之变的关键。凭直觉，我们知道，如果巨人没有到达玉皇顶，功亏一篑，分析他的登山过程也有意义，不过那就是另一种研究了。但是，直觉也有不足之处，需要逻辑补充。我们的直觉是，从玉皇顶算起，巨人跨了四个台阶，从玉皇顶这第五个台阶开始，逐步往下看，先看从第五个台阶到第四个台阶的垂直高度，然后看第四个台阶到第三个台阶的垂直高度，再看第三个台阶到第二个台阶的垂直高度，最后看第二个台阶到第一个台阶（岱庙）的垂直高度。这样看巨人的登山过程，会把连续的过程看成分离的过程。具体体现是，看从第五个台阶到第四个台阶的垂直高度，我们不会直觉到这第四个台阶的高度不是孤立的，而是以下面三个台阶为基础。这一点，一提醒就明白,但是,仅凭直觉,我们并不总能清晰地想到这一点。

定序回归的分析过程,建立在理性和逻辑的基础上。为了分析巨人登泰山,定序回归把连续的登山过程分解为四个二分过程,每个二分过程构成一个二分变量,1=终点,0=起点。

第一个二分变量:1=终点(玉皇顶);0=起点(第四台阶的总高度)。需要注意,0是第四台阶的总高度,即南天门的总高度,包含了前面三个台阶,即包含岱庙→红门→中天门→南天门。换言之,这个二分变量,可以表述为:1=第五台阶;0=第一台阶至第四台阶。

第二个二分变量:1=第四台阶;0=起点(第三台阶的总高度)。需要注意的是,1是第四台阶的总高度,包含了第五台阶,即包含南天门→玉皇顶;0是第三台阶中天门的总高度,包含了前面两个台阶,即岱庙→红门→中天门。换言之,这个二分变量,可以表述为:1=第五和第四台阶;0=第一台阶至第三台阶。

第三个二分变量:1=第三台阶;0=起点(第二台阶的总高度)。需要注意的是,1是第三台阶的总高度,包含了第五和第四台阶,即包含中天门→南天门→玉皇顶;0是第二台阶的总高度,包含了前面一个台阶,即岱庙→红门。这个二分变量,可以表述为:1=第五至第三台阶;0=第一台阶至第二台阶。

第四个二分变量:1=第二台阶;0=起点(第一台阶的高度)。需要注意的是,1是第二台阶的总高度,包含了第五、第四和第三台阶,即红门→中天门→南天门→玉皇顶;0是第一台阶的高度，即岱庙的高度。这个二分变量，可以表述为：1＝第五至第二台阶；0＝第一台阶。

比喻总是有局限的。上面的比喻中，理解第一台阶的高度是个难点，因为我们觉得第一台阶是平地，是起点。这是因为比喻中只有一个巨人，如果以他身体的热量为自变量，以他登山速度为因变量，他到岱庙也需要热量，就算他住在岱庙，活着需要热量，站立更需要热量。这个热量就是第一台阶的高度。恢复定序回归的实际，更容易理解起点的高度和台阶的总高度。定序回归分析的对象是众人，变量之变不是一个巨人从岱庙到山顶的"日新月异之变"，而是一个变量在众人中的"因人而异之变"。以人际信任为例，因变量的因人而异之变，分布方式有五类典型。

第一类，平均主义型。例如，抽到一个100人的概率样本，各有20人分别选：（1）很不信任，（2）不信任，（3）半信半疑，（4）信任，（5）很信任。选五种信任状态的人数均衡，换言之，选择每一种信任状态的概率相同。平均主义型定序变量的分布图如下：

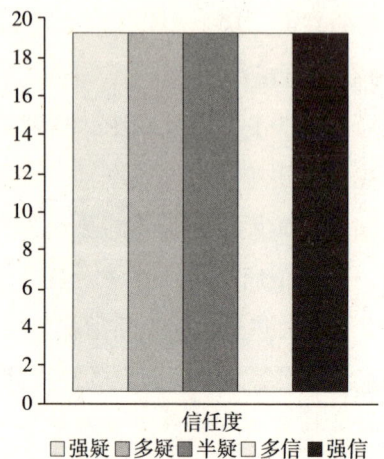

第二类，正态分布型。100人中，15人选（1）很不信任，20人选（2）不信任，30人选（3）半信半疑，20人选（4）信任，15人选（5）很信任。选择五种信任状态的概率分布大致呈正态分布。分布图如下：

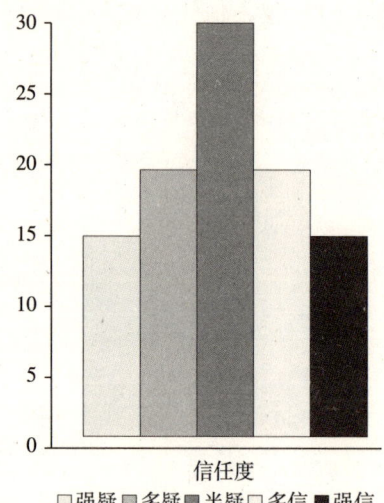

第三类,步步高升型。100 人中,10 人选(1)很不信任,15 人选(2)不信任,20 人选(3)半信半疑,25 人选(4)信任,30 人选(5)很信任。选择五种信任状态的概率分布,阶梯越高,被选中的概率越高,步步高升。分布图如下:

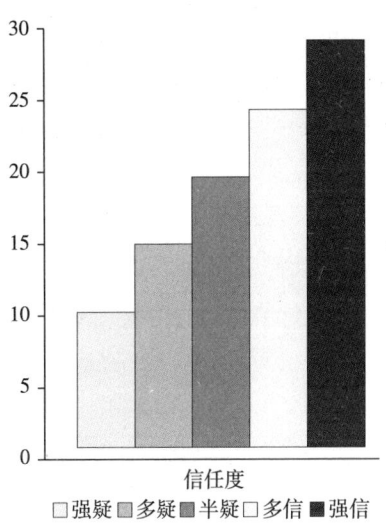

第四类,日落西山型,与步步高升型恰好相反。100 人中,30 人选(1)很不信任,25 人选(2)不信任,20 人选(3)半信半疑,15 人选(4)信任,10 人选(5)很信任。选择五种信任状态的概率分布步步走低,层级越高,被选择的概率越低。分布图如下:

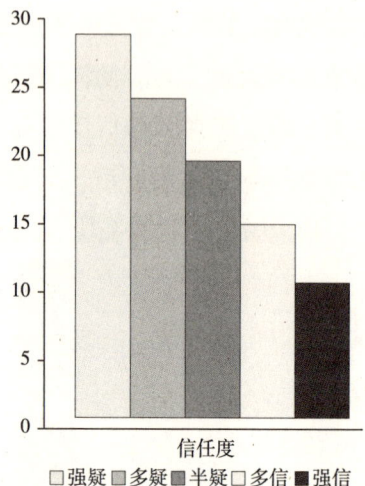

第五类,异军突起型,即出现了极端情况。例如,100人中,10人选(1)很不信任,45人选(2)不信任,20人选(3)半信半疑,15人选(4)信任,10人选(5)很信任。选择五种信任状态的概率分布不规则。分布图大致如下:

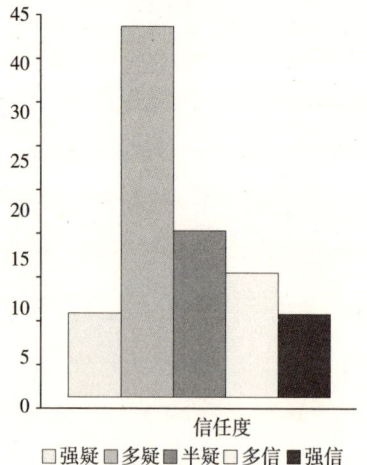

台阶是比喻，台阶由低到高，背后的概念是累积概率（cumulative probability）、累积发生比（cumulative odds）、累积 logit（cumulative logit）。详见本书第五章的实例。

总结一下，作为因变量的定序变量，其变异有几个特点。首先，定序变量背后的变量是个连续体（continuum），但是测量只涵括了连续体的一个段落。也就是说，变量本身是直线，两端开放，测量是线段。以信任为例，前面说过，信任本身是连续体，一端是极不信任（你说破天我也不信），负无穷；另一端是极其信任（刎颈之交），正无穷。但是，社会科学测量信任，采用的测量层级通常是五级定序，五级定序构成的是个线段，左边端点是1，右边端点是5。其次，定序变量之变，是因人而异之变。仍以人际信任为例，有人信，有人不信，有人深信不疑，有人深疑不信。再次，研究这因人而异的变，目的是在日新月异之变上下功夫。从社会学角度看，人际信任是正资产，是社会资本，不信任是负资产，正资产越多越好，负资产越少越好。多和少，背后有原因。分析因人而异的变，找出变的原因，就有可能在这原因上下功夫，从而促成自己希望的变化发生。最后，分析定序变量之变，是估体裁衣或量体裁衣，先看看因变量的身材，然后选择合适的方式表述因变量之变。以人际信任为例，定序变量内含四个台阶，四个台阶是不是一样高？换言之，从第一台阶（很不信任）爬到第二台阶（不信任），与第二台阶（不信任）到第三台阶（半信半疑）的高度一样吗？先看定序变量的分布，就是估量因变量的身材。

第二节　定序回归的优点与难点

一、避免逻辑荒谬

定序回归的优点之一是能避免预测出逻辑上荒谬的结果。作为定序回归因变量的定序变量，测量的是概率，定序回归要避免逻辑荒谬结果，采用不同的数学表达式作为概率的测量单位。最常用的，也是 SPSS 做定序回归的默认设置，是用发生比的自然对数（logit）作为测量单位。这样做的目的是，让概率的变化既单向（monotonic）又不越雷池一步。以五五开概率为中点，单向变化有两个方向，一是单向增长，二是单向降低。概率的雷池，就是再小不能等于 0，再大不能等于 1。

二、追求单向增减

定序回归的优点之二是，能以近似线性的方式描述自变量的变化与因变量的变化之间的关系。近似线性指单向增减，英文是 monotonicity，意思是，描述自变量与因变量关系的那条线，虽然不直，但不发生波动，要么向上，正相关，要么向下，负相关。单向增长与单向降低，离中间点（五五开）越近，变化幅度越大。

三、难以通过平行线检验

优点总是难点，难以培养，难以保持，更难发扬。定序回归的优势是简明，难点是要保证回归模型符合平行线假设。换言之，做定序回归的挑战是模型需要通过"平行线假设检验"（parallel regression test）。平行线检验的内容是：自变量每变化一个单位，这个变化对因变量从台阶一上升到台阶二的 logit 的影响，与对因变量从台阶二上升到台阶三的 logit 的影响相同，以此类推。影响相同有两层意思：一是方向相同，例如都是正影响或都是负影响；二是幅度相同，即回归系数相同。

平行线假设有两种情况。如果只有一个自变量，那么这个假设的意思是，自变量每变化一个单位，这个变化对因变量从台阶一上升到台阶二的 logit 的影响，与对因变量从台阶二上升到台阶三的 logit 的影响相同，以此类推。比如，假定巨人登山前补充的热量是自变量，为了简化，假定变化范围有两种可能，一是不充足，二是充足。如果能用一个回归系数描述热量从不充足变为充足时（发生一个单位的变化或增加一个单位）与巨人登山速度的关系，就相当于说：相对于热量不充足而言，热量充足这个情况对于巨人从第一台阶到第二台阶的影响是 A，对于他从第二台阶到第三台阶的影响也是 A，对于他从第三台阶到第四台阶的影响还是 A，对于他从第四台阶到第五台阶的影响仍然是 A。这四个 A 都是正数，即都是速度较快，另外，这四个 A 的绝对值相同，也就是速度的提高幅度相同。以雇员数据中的虚拟工作岗位为因变量，以是否少数族裔为自变量，结果如下：

参数估计值

	估计	标准误	Wald	df	显著度	95%置信区间	
						下限	上限
阈值 [虚拟岗位=1]	1.284	.126	103.701	1	.000	1.037	1.532
[虚拟岗位=2]	2.710	.212	163.627	1	.000	2.295	3.126
位置 少数族裔	-1.944	.527	13.590	1	.000	-2.978	-.911

链接函数：Logit。

第四章 定序回归的优点就是难点

如果有两个或更多自变量,那么这个假设的意思是,控制其他自变量,一个自变量每变化一个单位,这个变化对因变量从台阶一上升到台阶二的 logit 的影响,与对因变量从台阶二上升到台阶三的 logit 的影响相同,以此类推。沿用巨人登泰山的比喻,我们能想到,除了是否补充了足够的热量,还有很多因素会影响他的登山速度,比如登山前的晚上睡眠是否充足、登山时的天气状况,如此等等。以雇员数据中的虚拟工作岗位为因变量,以是否少数族裔和合并教育程度($1=8-12$; $2=13-16$; $3=17-21$)为自变量,结果如下页表。

在解释这个回归结果之前,必须先看定序回归模型能否通过平行线检验。方法论专家称,平行线检验过于严格,可能违反它的环节很多。实际研究中,经常无法通过:"据我们观察,定序回归模型在现实世界中的应用,多数情况下,平行线假设被拒绝。"(Long and Freese, p. 331)专家分析,在下列三种情况中,平行线假设几乎总是会被拒绝:一是模型中包含多个解释变量或自变量;二是样本量大;三是模型中有连续自变量。

参数估计值

		估计	标准误	Wald	df	显著度	95%置信区间	
							下限	上限
阈值	[虚拟岗位=1]	7.235	.678	113.934	1	.000	5.906	8.563
	[虚拟岗位=2]	9.578	.841	129.646	1	.000	7.929	11.226
位置	少数族裔	-2.020	.629	10.310	1	.001	-3.254	-.787
	合并教育程度	3.042	.310	96.163	1	.000	2.434	3.650

链接函数：Logit。

以雇员数据为例，只以少数族裔为自变量的定序回归模型能通过平行线检验。

平行线检验[a]

模型	-2 对数似然值	卡方	df	显著度
零假设	16.206			
广义	13.970	2.237	1	.135

零假设规定位置参数（斜率系数）在各响应类别中都是相同的。
a. 链接函数：Logit。

但是，把合并教育程度加入回归模型后，定序回归模型不能通过平行线检验。

平行线检验[a]

模型	-2 对数似然值	卡方	df	显著度
零假设	41.139			
广义	29.934	11.206	2	.004

零假设规定位置参数（斜率系数）在各响应类别中都是相同的。
a. 链接函数：Logit。

四、选择合适的链接函数

为了尽量培养优点，克服难点，做定序回归，要根据定序变量的分布特点，选择合适的链接函数（link function），就是选择合适的数学表达式测量定序变量背后累积概率的变化。SPSS 提供的链接函数是：logit、probit、cloglog、nloglog、Cauchit。默认（default）链接是 logit。专家对此有五点建议。

第一，作为因变量的定序变量的分布属于平均主义型，选择 logit，即发生比的自然对数。

第二，作为因变量的定序变量的分布属于正态分布型，选择 probit，即累积概率标准值。

第三，作为因变量的定序变量的分布属于步步高升型，选择 negative log-log，即负对数-对数。

第四，作为因变量的定序变量的分布属于日落西山型，选择 complementary log-log，即辅助对数-对数。

第五，作为因变量的定序变量的分布属于异军突起型，选择 Cauchit，即柯西概率密度函数。

五、通不过平行线检验怎么办

有些学者选择蒙混过关，不理会平行线检验。我提三条建议。首先，可以试其他模型：使用 SPSS，可以试其他链接；使用 Stata，还可以试专家用户编写的程序，例如 Rory Wolfe and Bill Gould 编写的 OMODEL，Richard Williams 编写的 gologit2。

其次，可以分析问题到底出在哪里（参见本书第六章）。了解是哪个或哪几个自变量违反了平行线假设。如果通不过检验的不是解释变量，只是无关紧要的控制变量，比较好办，可以把这个控制变量请出模型。如果通不过检验的控制变量不显著，也可以在解释结果时不予解释。但是，如果通不过检验的是解释变量，还是得另想办法。可以考虑合并因变量相邻的台阶，也可以合并解释变量相邻的台阶。当然，无论合并因变量的相邻层级还是合并自变量的相邻层级，都要言之成理。

最后，几条路都走不通，一是妥协，采用 Richard Williams 教授提供的解决方法，即采用 gologit2（generalized ordered logit model），或采用 slogit（stereotype logistic regression）（参见 Long and Freese, pp. 370-374）。二是不嫌麻烦，采用多元定类回归，把作为因变量的定序变量当成定类变量处理。

第三节　解释定序回归的结果

解释定序回归的结果，也比较复杂。定序回归有 k-1 个截距，k 指的是台阶的数量。这让人觉得有点复杂，不过只是假象。SPSS 把截距叫作 threshold（分水岭），Stata 叫作 cut（砍一刀）。如果用 Stata 分析巨人登泰山的例子，回归结果会输出四个 cuts：cut 1、cut 2、cut 3、cut 4。这"四刀"是里程碑，其意义要参照变量的最大值（玉皇顶）才可以确定。这些分水岭对解释回归结果只有参照意义，与最小二乘回归中的常项（constant）或截距（intercept）基本等值。只要回归模型能通过平行线检验，报告结果时，只需要列出这些截距，不需要做其他解释。

解释定序回归的结果，真正复杂的部分有两个。首先看回归系数的含义。解释回归系数，就是把它还原成一句话：自变量每发生一个单位的变化（约定俗成的理解是：自变量每增加一个单位），因变量发生若干个单位的变化。"若干"有两层意思。显而易见，解释回归系数，一定要清楚自变量和因变量的测量单位

(unit of measurement),清楚知道测量单位,才能准确理解自变量"发生一个单位的变化"(a unit of change)的含义,理解因变量"发生若干个单位变化"的含义,从而具体理解自变量的变化与因变量的变化之间的关系。仍以雇员数据为例,年薪的测量单位是"美元/年",教育程度的测量单位是"年"。以年薪为因变量,教育程度为自变量,最小二乘回归系数是3909。这"3909"的意思很清楚,就是"教育程度每增加一年(增加一个单位),年薪增加3909美元(增加3909个单位)"。但是,定序回归,因变量的测量单位是发生比的自然对数,很难理解。所以,解释定序回归系数,要把难以理解的发生比的自然对数的变化还原成发生比的变化,进而还原成概率的变化。

先看定序回归系数是正还是负的含义。定序回归系数是正数,意思是,当自变量增加一个单位时,因变量的取值处于较高台阶而非处于较低台阶的概率增大。相反,定序回归系数是负数,意思是,当自变量增加一个单位时,因变量的取值处于较高台阶而非较低台阶的概率减小。再看变化的幅度,就是概率究竟增加或减小多少。计算概率的变化幅度,本书第六章有详细讨论。

解释定序回归结果的第二个难点来自模型的非线性(non-linearity)。线性回归的系数很好解释。因变量是连续变量,因变量的变易与自变量的变易之间的显著关系用一条斜线表示(不显著的关系是一条水平的直线),自变量等于0的时候,因变量的值就是截距,自变量增减一个单位,因变量相应增减若干单位。在定序回归中，描绘因变量之变的是曲线，不是直线。非线性模型，自变量变化一个单位，与因变量的变化幅度不是一一对应，效果的方向保持恒定，但绝对值取决于自变量的变化与因变量的变化发生在什么方位，需要具体问题具体分析。换言之，对数回归系数能确定告诉我们，自变量增加一个单位，对于因变量的取值是较高层级而非较低层级，是发挥正面影响还是负面影响，但是这影响的幅度并不确定。例如，以虚拟工作岗位为因变量，以少数族裔为自变量，回归系数（location，位置）是-1.944。这个回归模型能通过平行线检验，所以我们可以这样说，自变量增加一个单位，即雇员是少数族裔而非白人，则因变量取值为 3（经理）或 2（副经理）而非 1（普通员工）的概率会变小一些，因变量取值为 3（经理）而非 2（副经理）或 1（普通员工）的概率会变小一些，而且这两个变化的幅度没有显著差别。可是，我们只能含含糊糊地说"变小一些"，不能说究竟减小了多少。原因就在于对数回归的非线性。对数回归系数描述的，是自变量每变化一个单位对于因变量的变化发生的"单向"（monotonic）影响，不是"线性"（linear）影响。自变量发生一个单位的变化，对于因变量的变化究竟产生多大的影响，取决于自变量的这个单位变化发生在什么地方。例如，假设上面包含了教育程度的定序回归模型能通过平行线检验，我们就要考虑到下面两种情况。第一种情况是，我们关注教育水平都在 8-12 年的雇员，看这个雇员群体中是否少数族裔对于当经理的概率有什么样的影响。第二种情况是，我们关注教育水平都在 13-16 年的雇员，看这个雇员群体中是否少数族裔对于当经理的概率有什么样的影响。我们假设这个定序回归能通过平行线检验，相当于假定，在教育程度相同的情况下，少数族裔地位增加一个单位（亦即少数族裔），对于一个雇员是副经理而非普通员工的影响是负的，对于一个员工是经理而非副经理的影响也是负的。这个负影响，以发生比之比率为测量单位，是相同的（没有显著差别）。但是，如果用概率的变化作为这个影响的测量单位，那么影响就不一定相同。例如，对于教育程度都是 8-12 年的雇员来说，是少数族裔，对他们晋升副经理、经理的影响可能比较小；但是，对于教育程度都是 13-16 年的雇员来说，是少数族裔，对他们晋升副经理、经理的影响可能比较大。由于这个原因，做定序回归时，要做"估计之后的分析"或"后估计分析"（post-estimation analysis）。本书第六章，专门介绍如何用 SPost 做定序回归的后估计分析。

小结

定序回归以定序变量为因变量，如果模型能通过平行线检验，那么定序回归既能照顾我们对线性思考的偏好，又能避免用线性思维分析概率会导致的逻辑荒谬结果。定序回归的难点，是定序变量往往不像表面看起来那么中规中矩，也就是说，定序测量使用的数字可能让我们误以为它的相邻层级之间的距离相同或大致相同，而实际上可能差别很大。另外，自变量中若有定序变量，会存在相同的问题，即相邻的层级之间的距离有显著差异。如果自变量中有连续变量，更难保证自变量变化一个单位对于定序变量之变产生相同的影响。

第五章
先拆卸后组装看定序回归

定序回归（ordinal regression, ordered regression, ordered categorical regression），有点复杂。学量化方法，我有个体会，遇到复杂的问题，不妨先拆卸，后组装。这个过程，有点像顽童动手"认识"自己的玩具汽车。先把玩具汽车分解成简单的组成部分，格物致知后再组装起来。拆卸复杂的量化方法，就是先把难以把握的或近乎不可思议的术语变成自己能懂的说法，例如，把无限接近1的概率变成万仅一失，把无限接近0的概率变成万中有一。拆分完，把各个简单成分基本想明白，再把它们组装起来。组装时，尽量观其大略，不斤斤计较细节。仍以玩具汽车为例，只要关键部分齐全，都恢复原位，少几个螺丝，还是能跑的。《戏说》中的显著度检验不好理解，最大似然估计不好理解，我都是先拆开，一一想清楚主要部件，然后组装。对付定序回归，我故伎重施。前一章是抽象地拆卸组装，本章用一个改装的真实研究为例子，先拆卸后组装。分三节。第一节，作为因变量的定序变量之变。第二节，做两个连续的二分对数回归。第三节，做一个定序回归。

第一节　作为因变量的定序变量之变

本章采用的练习数据是 irrigation CHN.sav。因变量：带头意向，指带头采用滴灌技术的意向。测量指标是："如果政府提倡采用滴灌技术，您会不会带头采用滴灌技术？"下图是应答的百分比分布。808 位受访人，75 人拒答，733 个提供有效应答的人中，51.07%答 1=肯定不会，29.06%答 2=看情况，20.87%答 3=肯定会。

会不会带头采用滴灌技术	频次	百分比	累积百分比
1. 肯定不会	367	50.07	50.07
2. 看情况	213	29.06	79.13
3. 肯定会	153	20.87	100.00
总数	733	100	

定序回归以累积发生比的自然对数的最高点为起点，也就是以累积概率的最高点为起点。先根据带头意向的实际分布，先看累积概率、累积发生比、累积发生比的自然对数，具体理解因变量之变。

累积概率，733 人选择三个答案，选择 1 的人数的百分比就是选择 1 的概率，这个概率的大小会影响到选择 2 的概率和选择 3 的概率。在这里，733 个提供有效应答的人中，51.07%答

1=肯定不会，29.06%答2=看情况，20.87%答3=肯定会。假如85%选择1，那么选择2和3的概率加在一起只能是15%。如果没有任何辅助知识，判断这些人怎样选择三个答案，最优估计是选择三个答案的概率相同，即各占三分之一。计算累积百分比，目的是根据已知的概率估计未知的概率。比如，已知51.07%答1=肯定不会，然后估计选择2和3的概率，比在不知道选择1的概率的情况下估计得准确。

计算了累积概率，就可以计算相应的累积发生比，再计算累积发生比的自然对数。

会不会带头采用滴灌技术	肯定不会	看情况	肯定会
		（+0.2906）	（+0.2087）
累积概率	0.5007	0.7913	无限趋近1.0000
累积发生比	1.0028	3.7916	∞
累积发生比的自然对数	0.0028	1.3328	∞

现实中可以观察到百分之百的比例，但概率只能无限趋近1。如果概率等于1，发生比就无法计算了，因为分母不能等于0。概率无限趋近1，发生比是正无穷，正无穷大的自然对数也是正无穷。无穷不好理解。为了避免无穷，我们贯彻实用主义，只关心万分之一至万仅一失的概率，把0.5007简化为0.5006。重新计算累积概率、累积发生比、累积发生比的自然对数。

会不会带头采用滴灌技术	肯定不会	看情况	肯定会
		（+0.2906）	（+0.2087）
累积概率	0.5006	0.7912	0.9999
累积发生比	1.0024	3.7893	9999
累积发生比的自然对数	0.0024	1.3322	9.2102

分别计算男性与女性带头采用滴灌技术的累计概率、累积发生比、累积发生比的自然对数。先看男性带头采用滴灌技术的意向，为了避免出现无穷大概率，我把选择"肯定不会"的概率扣除万分之一。

会不会带头采用滴灌技术	肯定不会	看情况	肯定会
		（+0.3219）	（+0.2559）
累积概率	0.4221	0.7450	0.9999
累积发生比	0.7704	2.9216	9999
累积发生比的自然对数	-0.3142	1.0795	9.2102

再看女性的带头采用滴灌技术的意向。同上，为了避免出现无穷大概率，我把"肯定不会"的概率扣除万分之一。

会不会带头采用滴灌技术	肯定不会	看情况	肯定会
		（+0.2571）	（+0.1582）
累积概率	0.5846	0.8417	0.9999
累积发生比	1.4073	5.3171	9999
累积发生比的自然对数	0.3417	1.6717	9.2102

以带头采用滴灌技术的意向为因变量，我们感兴趣的是它从弱变强的机制。最强的"肯定会"是我们最感兴趣的选择，或者说，选择这个答案的人，是我们最关心的研究对象。我们分析带头采用滴灌技术的意向的因人而异之变，关心两个内容：一是哪些属性显著影响带头采用滴灌技术的意向，二是如何影响。简单比较男性与女性带头采用滴灌技术的意向的累积概率的变化，就可以看出，男性与女性有明显的区别，较之女性，男性具有较强的带头意向。下面我们就以是否男性为自变量。变量"男性"，0＝女，1＝男。这样编码，是预期男性比女性具有更强的带头采用滴灌技术的意向。自变量变化一个单位，就是性别从 0 到 1，意思是：与女性相比，男性如何。再提醒一次，虽然我们真正感兴趣的是累积概率之变，但累计概率之变的测量单位是累积发生比的自然对数的变化。换言之，在这个例子中，作为因变量的定序变量之变，是作为研究对象的农民中选择三个答案的概率如何因人而异，而这个因人而异的测量单位，是这些农民对三个答案的选择的累积发生比的自然对数。

第二节 两个二分对数回归

第四章说过，定序回归，实质内容是一连串二分对数回归。在带头采用滴灌技术这个例子中，因变量是个三层级的定序变量。做定序回归，就相当于做两个二分对数回归。

一、带头意向之一

第一个二分对数回归的因变量,数据中命名为"带头意向之一",编码是:0=肯定不会或看情况,1=肯定会。分析如果一个农民是男性而非女性,对于带头采用滴灌技术的意向会产生什么样的显著影响。这一步分析,性别是男非女,对从阶梯图的第二个台阶"看情况"走到第三个台阶"肯定会"的影响。由于第二个台阶的高度包含了第一个台阶"肯定不会"的高度,所以把这两个台阶都界定为"0"。先看交叉列表。

带头意向之一(take lead logit 1)* 男性(male)交叉制表

			男性 male		合计
			0 女性	1 男性	
带头意向之一 take lead logit1	0 肯定不会或看情况	计数	298	282	580
		期望的计数	280.1	299.9	580.0
	1 肯定会	计数	56	97	153
		期望的计数	73.9	79.1	153.0
合计		计数	354	379	733
		期望的计数	354.0	379.0	733.0

专注男性并且选择"肯定会"的单元格,可以看到,假定性别对带头采用滴灌技术的意向没有影响,在379个男性中,预期有79人会选择"肯定会"而不是选择"看情况"或"肯定不会",而实际上有97人。另外三个单元格中的预期值与观察值也有明显的区别。为了判断预期值与观察值之间的差距是否显著,做卡方检验。

卡方检验

	值	df	渐进 Sig.（双侧）	精确 Sig.（双侧）	精确 Sig.（单侧）
Pearson 卡方	10.588[a]	1	.001		
连续校正[b]	10.004	1	.002		
似然比	10.711	1	.001		
Fisher 的精确检验				.001	.001
线性和线性组合	10.574	1	.001		
有效案例中的 N	733				

a. 0 单元格（0.0%）的期望计数少于 5，最小期望计数为 73.89；
b. 仅对 2×2 表计算。

卡方检验显示，性别与带头采用滴灌技术的意向有显著相关，犯一类错误的概率是千分之一。下一步分析，是男性而非女性对于带头采用滴灌技术的意向是提升还是降低。设立零假设，即性别与带头采用滴灌技术的意向没有系统关系。根据零假设做的预测，就是期望值。对男性是选择"肯定会"还是选择"肯定不会或看情况"，期望值低于观察值，说明零假设过低估计了身为男性对带头采用滴灌技术的意向的影响。零假设假定性别对带头采用滴灌技术的意向的影响是 0，回归系数是 0，结果是预测过低。做最大似然估计，要调高预测，也就是要把系数从 0 调整为正数。下面是迭代史。

迭代历史记录[a,b,c,d]

迭代		-2 对数似然值	系数	
			常量	男性
步骤1	1	745.564	-1.367	.391
	2	740.313	-1.645	.579
	3	740.278	-1.671	.604
	4	740.278	-1.672	.605

a. 方法：输入；
b. 模型中包括常量；
c. 初始-2对数似然值：750.989；
d. 因为参数估计的变化幅度小于.001，所以估计在迭代次数4处终止。

这一步二分对数回归的结果如下：

方程中的变量

	B	S. E.	Wals	df	Sig.	Exp（B）
步骤1[a] 男性	0.605	.187	10.422	1	.001	1.830
常量	-1.672	.146	131.747	1	.000	.188

a. 在步骤1中输入的变量：教育程度。

这里的"常项"（截距）是-1.672，就是女性选择"肯定会"而不是选择"看情况或肯定不会"的发生比的自然对数。下表有助于理解这里的截距。

会不会带头采用滴灌技术	肯定不会	看情况	肯定会
		(+0.2571)	(+0.1582)
累积概率	0.5846	0.8418	0.9999
累积发生比	1.4073	5.3171	9999
累积发生比的自然对数	0.3417	1.6717	9.2102

上表总结的是带头采用滴灌技术的意向在女性中的实际分布，有累积概率、累积发生比与累积发生比的自然对数。为避免出现无穷大概率，选择"肯定不会"的概率减掉了万分之一。需要注意的是，这里的累积发生比的自然对数1.672是正数，但截距是负数，-1.672。这是因为，定序回归关注的是性别由0变成1时，带头采用滴灌技术的意向的发生比的自然对数发生什么变化。这个变化有个起点，就是性别为0时选择"肯定会"而非选择"看情况或肯定不会"的发生比的自然对数，是-1.672。

回归结果中的B是回归系数，意思是：性别是男非女，则选择"肯定会"而不是选择"看情况或肯定不会"的发生比的自然对数增加0.605。回归模型可以简约写成：

肯定会（而非肯定不会或看情况）的发生比的自然对数=-1.672+性别*0.605

回归结果中的exp，即exponent（指数），是两个发生比的比率。比率的分子是男性选择"肯定会"而非选择"看情况或肯定不会"的发生比，分母是女性选择"肯定会"而非选择

"看情况或肯定不会"的发生比。用比较接近日常语言的话说,意思就是,相对于女性而言,男性选择"肯定会"而不是选择"看情况或肯定不会"的发生比高 1.830 倍。把发生比换算成概率,男性比女性选择"肯定会"的概率高 11.5 个百分点。关于如何计算概率的变化,参见本书第六章。

二、带头意向之二

第二个二分对数回归的因变量,数据中命名为"带头意向之二",编码是:0=肯定不会,1=肯定会或看情况。在这一步分析中,性别是男非女,看性别对从第一个台阶"肯定不会"走到第二个台阶"看情况"的影响。由于第二个台阶的高度是登上第三个台阶"肯定会"的起点,所以把第二个与第三个台阶都界定为"1"。先看交叉列表。

带头意向之二(take lead logit 2)*男性(male)交叉制表

			男性 male		合计
			0 女性	1 男性	
带头意向之二 take lead logit2	0 肯定不会	计数	207	160	367
		期望的计数	177.2	189.8	367.0
	1 肯定会或看情况	计数	147	219	366
		期望的计数	176.8	189.2	366.0
合计		计数	354	379	733
		期望的计数	354.0	379.0	733.0

专注是男性并选择"肯定会或看情况"的单元格,可以看到,假定性别对带头采用滴灌技术的意向没有影响,在 379 个男性中,预期有 189 人会选择"看情况或肯定会",而实际上有

219人。另外三个单元格中的预期值与观察值也有明显的区别。为了判断预期值与观察值之间的差距是否显著，做卡方检验。

卡方检验

	值	df	渐进 Sig.（双侧）	精确 Sig.（双侧）	精确 Sig.（单侧）
Pearson 卡方	19.353[a]	1	.000		
连续校正[b]	18.708	1	.000		
似然比	19.440	1	.000		
Fisher 的精确检验				.000	.000
线性和线性组合	19.326	1	.000		
有效案例中的 N	733				

a. 0 单元格（0.0%）的期望计数少于5，最小期望计数为176.76；
b. 仅对 2×2 表计算。

卡方检验显示，性别与带头采用滴灌技术的意向有显著相关，犯一类错误的概率小于千分之一。下一步分析，是男性而非女性对于带头采用滴灌技术的意向是提升还是降低。设立零假设，即性别与带头采用滴灌技术的意向没有系统关系。根据零假设做的预测，就是期望值。对于男性是选择"肯定会或看情况"还是选择"肯定不会"，期望值低于观察值，说明零假设过低估计了身为男性对带头采用滴灌技术的意向的影响。零假设假定性别对带头采用滴灌技术的意向的影响是0，回归系数是0，结果是预测过低。做最大似然估计，要调高预测，也就是要把系数从0调整为正数。下面是迭代史：

第五章 先拆卸后组装看定序回归

迭代历史记录[a,b,c,d]

迭代		-2 对数似然值	系数	
			常量	男性
步骤1	1	996.714	-.339	.650
	2	996.713	-.342	.656
	3	996.713	-.342	.656

a. 方法：输入；
b. 模型中包括常量；
c. 初始-2 对数似然值：1016.152；
d. 因为参数估计的变化幅度小于.001，所以估计在迭代次数3处终止。

这一步二分对数回归的结果如下：

方程中的变量

	B	S.E.	Wals	df	Sig.	Exp（B）
步骤1[a] 男性	.656	.150	19.180	1	.000	1.927
常量	-.342	.108	10.071	1	.002	.710

a. 在步骤1中输入的变量：教育程度。

这里的"常项"（截距）是-0.342，就是女性选择"看情况或肯定会"而不是选择"肯定不会"的发生比的自然对数。下表有助于理解这里的截距。

会不会带头采用滴灌技术	肯定不会	看情况	肯定会
		(+0.2571)	(+0.1582)
累积概率	0.5846	0.8418	0.9999
累积发生比	1.4073	5.3171	9999
累积发生比的自然对数	0.3417	1.6717	9.2102

上表总结的是带头采用滴灌技术的意向在女性中的实际分布，有累积概率、累积发生比与累积发生比的自然对数。为避免出现无穷大概率，选择"肯定不会"的概率减掉了万分之一。需要注意的是，这里的累积发生比的自然对数 0.342 是正数，但截距是负数，-0.342。这是因为，回归关注的是性别由 0 变成 1 时，带头采用滴灌技术的意向的发生比的自然对数发生什么变化。这个变化有个起点，就是性别为 0 时选择"肯定会或可能会"而非选择"肯定不会"的发生比的自然对数，是 -0.342。

在回归结果中，B 是回归系数，意思是：性别是男非女，则选择"肯定会或看情况"而不是选择"肯定不会"的发生比的自然对数增加 0.656。回归模型可以简约写成：

肯定会或看情况（而非肯定不会）的发生比的自然对数 = -0.342 + 性别 * 0.656

同上所述，回归结果中的 exp，即 exponent（指数），是两个发生比的比率。比率的分子是男性选择"看情况或肯定会"而非选择"肯定不会"的发生比，分母是女性选择"看情况或肯定会"而非选择"肯定不会"的发生比。用比较接近日常语言的话说,意思就是,相对于女性而言,男性选择"看情况或肯定会"而不是选择"肯定不会"的发生比高 1.927 倍。把发生比换算成概率,男性比女性选择"看情况或肯定会"的概率高 16%。

第三节 做一个定序回归

定序回归是用一个回归模型估计上述两个二分变量回归的内容。也就是说,定序回归用一个回归模型估计下列交叉列表呈现的情况背后究竟发生了什么。

一、交叉列表与显著度检验

先做交叉列表,看男性与女性在带头采用滴灌技术的意向上是否有显著区别。

带头意向(take lead)*男性(male)交叉制表

			男性 male		合计
			0 女性	1 男性	
带头意向 take lead	1 肯定不会	计数	207	160	367
		期望的计数	177.2	189.8	367.0
	2 看情况	计数	91	122	213
		期望的计数	102.9	110.1	213.0
	3 肯定会	计数	56	97	153
		期望的计数	73.9	79.1	153.0

续表

		男性 male		合计
		0 女性	1 男性	
合计	计数	354	379	733
	期望的计数	354.0	379.0	733.0

目测百分比,感到有显著区别,做卡方检验确认。

卡方检验

	值	df	渐进 Sig.（双侧）
Pearson 卡方	20.689[a]	2	.000
似然比	20.833	2	.000
线性和线性组合	19.846	1	.000
有效案例中的 N	733		

a. 0 单元格（0.0%）的期望计数少于 5。最小期望计数为 73.89。

卡方检验证明性别与带头采用滴灌技术的意向显著相关,犯一类错误的概率小于千分之一。下一步探索二者的关系究竟是什么。

二、定序回归

定序回归的结果如下:

参数估计值

		估计	标准误	Wald	df	显著度	95%置信区间	
							下限	上限
阈值	[带头意向=1]	.336	.106	10.094	1	.001	.129	.543
	[带头意向=2]	1.695	.124	187.697	1	.000	1.453	1.938
位置	男性	.642	.142	20.464	1	.000	.364	.920

链接函数：Logit。

从这个结果看，定序回归做了两个估计。第一，估计两个台阶的高度。一个台阶是，对于女性而言，"肯定不会"这个台阶的高度，即女性中选择"肯定不会"这个答案的累积发生比的自然对数，估计结果是 0.336。我们在上节的表格中已经看到，样本数据中女性选择"肯定不会"的累积发生比的自然对数是 0.342。估计结果与观察结果十分接近。另一个台阶是，对于女性而言，"看情况"这个台阶的总高度，即女性中选择"肯定不会"与"看情况"这两个答案的累积发生比的自然对数。计算"看情况"这个台阶的总高度，原因是它包含了"肯定不会"这个台阶的高度。估计结果是 1.695。我们在上节的表格中已经看到，样本数据中女性选择"肯定不会"和"看情况"的累积发生比的自然对数是 1.672。估计结果与观察结果十分接近。

第二，估计自变量变化一个单位，即男性而非女性，对从"肯定不会"变为"看情况"或"肯定会"的影响；同时，估计自变量变化一个单位，即男性而非女性，对从"肯定不会"或"看情况"变为"肯定会"的影响。然后看这两个影响是否相同。相同有两个方面，一是方向是否相同，二是力度是否相同。如果影响相同，那么回归模型就得出一个回归系数，这个回归系数告诉我们，自变量变化一个单位，即男性而非女性，对从"肯定不会"变为"看情况"或"肯定会"的影响，也告诉我们，自变量变化一个单位，即男性而非女性，对从"肯定不会"或"看情况"变为"肯定会"的影响。这里估计出的回归系数是0.642。

具体说,定序回归分析的结果告诉我们,相对于女性而言,男性有更高的概率选择"肯定会"或"看情况"而不是选择"肯定不会",男性也有更高的概率选择"肯定会"而不是选择"看情况"或"肯定不会"。是男性对于上述两种选择的影响方向相同,力度也相同。这里,我们不必考虑截距的问题了,这正是定序回归的优点。当然,这个优点的前提是定序回归必须通过平行线检验。

三、做平行线检验

这个定序对数回归能通过平行线检验:

平行线检验[a]

模型	-2 对数似然值	卡方	df	显著度
零假设	23.968			
广义	23.876	.091	1	.763

零假设规定位置参数(斜率系数)在各响应类别中都是相同的。
a. 链接函数:Logit。

四、解释回归结果

先看定序回归的结果:

参数估计值

		估计	标准误	Wald	df	显著度	95%置信区间	
							下限	上限
阈值	[带头意向=1]	.336	.106	10.094	1	.001	.129	.543
	[带头意向=2]	1.695	.124	187.697	1	.000	1.453	1.938
位置	男性	.642	.142	20.464	1	.000	.364	.920

链接函数：Logit。

截距是正数，回归系数也是正数。按照最小二乘回归和二分对数回归的做法，写回归模型或回归等式时，把回归结果中的截距和回归系数原封不动抄下来即可。但是，解释定序回归的截距，要把正数变成负数。定序回归，对每个从较低层级上升到较高层级的变化都分别计算一个截距，即累积发生比的自然对数，但回归系数只有一个，不因为累积发生比的自然对数的变化而变化。对数回归系数标志的是个变化，变化有两个点，一个是出发点（较低点），另一个是目的地（较高点），正的回归系数，标志的是，当自变量从 0 变成 1 时，一个人处在目的地的概率大于处在出发点的概率。截距是自变量为 0 时的累积发生比的自然对数，参照它计算回归系数的效果，要用回归系数减去截距，而不是加上。减去截距，就是减小了累积发生比的自然对数，也就是减小了处在截距上的概率。

由于这个减法很容易制造误会，常规做法是忽略截距。写论文时，可以隐含把定序因变量视为连续变量，专心解释回归系数的意义。

小结

为了理解定序回归，可以比较定序回归与二分对数回归。二者的零假设的内容都是，男性与女性的带头采用滴灌技术的意向相同，或性别对于带头采用滴灌技术的意向的影响是 0。二者的估计遵循相同的逻辑，是最大似然估计。区别在于，二分对数回归只估计一个从 0 到 1 的变化，然而在这里，有两个从 0 到 1。从 1 上升到 2，明着看，是上升了一个台阶，但是这个上升还有隐含的一面，就是离 3 近了一步。所以这里的第二台阶，实际上涵括第一个和第二个两个台阶。

定序回归的逻辑有符合直觉的一面，那就是，我们看待一个定序变量的一个层级，总是关心它的相对位置，相对位置有两种可能性，一个是高于，另一个是低于。按照这个直觉，回归系数应该允许我们做两个估计：一是估计自变量增加一个单位，对于因变量相对位置的提高或降低有什么影响；二是估计自变量减少一个单位，对于因变量相对位置的提高或降低有什么影响。这是最小二乘回归与二分对数回归的思维方式。但是，定序回归的逻辑也有不符合直觉的两个方面。首先，我们做定序回归时，看一个定序变量的一个层级，只关心它的一类相对位置，就是它与比它高的层级的相对位置。例如，我们看一个农民带头采用滴灌技术的意向，不是看意向由低到高和由高到低这两个方向的变化，而是专注于在什么情况下农民的意向会"达到下一个最高的层级"。其次，较高与较低的定义，不符合直觉。例如，假设有五阶楼梯，五阶最高，一阶最低。按照直觉，从四阶走到五阶，就是简单走一个台阶。在定序回归中不是这样，是从四阶的总高度，即包括一至三阶，走到五阶。同理，从三阶到四阶，是从三阶的总高度，即包括一至二阶，走到由四至五阶共同界定的新高度。定序因变量的最高层级被界定为参照点或兴趣点，邻近它的第二层级以及更低的层级构成起点。第二层级与最高层级又构成一个新的参照点，第三以及以下层级构成一个起点。以此类推。所以，定序变量有 k 个层级，定序回归就有 k-1 步回归分析。这个逻辑与构建哑变量（dummy variable）相似，很难用文字表达清楚，但是，一动手操作，就能领悟。

为了简明，本章的讨论只考虑一个自变量，而且是最简单的"是否男性"。下一章考虑有两个和更多自变量的定序回归。

第六章
后估计分析好比画龙点睛

在量化分析中,"估计"指借助回归分析或结构方程建模等统计模型根据样本统计值推断总体参数。由于估计过程需要诸多技术保障,估计结果中既有学术研究需要的实质发现,也有很多技术信息。统计模型越复杂,技术信息越多,写学术论文时越需要谨慎筛选。报告实质发现,除了筛选,还需要精加工,就是需要做后估计分析,英文是 post-estimation analysis。这个术语译为"估计之后的分析"更清楚明白。不过,语言归根结底是约定俗成,把"之后"译为"后",已经得到普遍接受,不再造成误会,例如"后现代"和"后物质主义"已经成为通用的汉语词汇。

做后估计分析的工具很多,我使用 Scott Long 和 Jeremy Freese 创作的免费软件 SPost13.ado(下文简称 SPost),在 Stata 15 环境下运行。SPost 的使用手册是:J. Scott Long and Jeremy Freese, *Regression Models for Categorical Dependent Variables Using Stata* (Third Edition), Stata Press, 2014。

本章很长,分五节。第一节,简单介绍如何用 SPost 做后估计分析。第二节,用 SPost 做二分对数回归之后的分析。第三节，用 SPost 做只有一个自变量的定序回归的后估计分析。第四节，用 SPost 做有两个自变量的定序回归的后估计分析。第五节，用 SPost 做有多个自变量的定序回归的后估计分析。

第一节 简单介绍 SPost

对数回归模型（logit regression models）对因变量做数学处理，把容易理解的概率转换成绕弯子的发生比，进而取发生比的自然对数，以发生比的自然对数作为因变量的测量单位，回归系数的变化，是对数的加减。除了数学家，很少有人能用对数作为思考的语言。所以，如果使用对数回归，报告回归结果时一般会把自然对数的加减还原成比较容易理解的两个发生比之间的比率（odds ratio）。但是，发生比的比率对社会科学学者来说还是不够直观，容易夸大自变量对因变量的影响，所以，通常还会把发生比的比率的变化还原成概率的变化。这个还原过程，需要比较复杂的计算，SPost 是强大便利的计算程序，比较好学。SPost 有三大功能，一是化繁为简，二是提纯分析结果，三是图解回归系数。

在 Stata 15 中运行的最新版 SPost13，开启 Stata 15，在指令行输入 -adoupdate, update-（温馨提示：输入时忽略指令两端的短横 "-"）。更新完毕，SPost 就安装好了。声明：安装提示来自 Professor Scott Long 在 Statalist 上的帖子。

第二节 用 SPost 做二分对数回归的后估计分析

当过教师的，都知道重复的必要性，对于学生容易发生误解又容易忽视的要点，必须不厌其烦地重复。先重复一句，二分对数回归指的是 binary logistic regression 或 binary logit regression，因变量是二分定序变量。本章使用的练习数据是 irrigation.dta。内容与第五章使用的数据完全相同。虽然 Stata 有汉化版，但 SPost 只有英文版，所以本章使用的练习数据 irrigation.dta 是英文版。为了行文方便，我把这个数据叫作"滴灌数据"。温馨提示：获取练习数据，参看附录的第一篇"练习数据与其他参考资料"。本章使用的练习数据在子目录"Chapter 6 post-estimation analysis"中，数据文件名是 irrigation.dta。对 Mplus 有兴趣的朋友，可以分析 irrigation.dat，我也附上了几个 Mplus 模型文件。

数据中有个二分定序变量，变量名是 adopt，测量的是"采用滴灌技术的意向"，编码：0=no（无意向）；1=yes（有意向）。现在以采用滴灌技术的意向为因变量，以"是否男性"（male）和"农业科技知识水平"（science）为自变量。这里的农业技术知识水平，测量的是农民对八种农业技术的知识，最低分是 0，最高分是 8。设定"农业科技知识水平"是解释变量，"是否男性"为控制变量。打开数据，输入指令：

logit adopt male science

结果如下:

Logistic regression Number of obs = 791
 LR chi2 (2) = 41.85
 Prod>chi2 = 0.000
Log likeihood=-151.76797 Pseudo R^2 = 0.1212

adopt	Coef.	Std. Err.	z	P>|z|	[95% Conf. Interval]	
male	1.593665	.421814	3.78	0.000	.7669251	2.420406
science	.3690966	.0937766	3.94	0.000	.1852979	.5528954
_cons	-5.410329	.5620694	-9.63	0.000	-6.511965	-4.308693

为了便于练习,本章的练习数据也有"滴灌数据"的 SPSS 版,中文版的文件名是"irrigation CHN.sav",在第五章的数据文件夹中,英文版的文件名是"irrigation.sav"。使用英文版数据,用 SPSS 做相同的分析,结果与上表呈现的结果实质内容相同,只是输出的技术数据不一样。

方程中的变量

		B	S.E.	Wals	df	Sig.	Exp (B)
步骤 1[a]	male	1.594	.422	14.274	1	.000	4.922
	science	.369	.094	15.491	1	.000	1.446
	常量	-5.410	.562	92.655	1	.000	.004

a. 在步骤 1 中输入的变量:male, science。

如果直接报告回归系数,行文大体如下:不论男女,农业科技知识水平每提高一个层级,选择"会采用滴灌技术"的发生比的自然对数增加 0.369，这个影响统计上高度显著（p<0.001）。显然，这样的报告不大好懂，需要化繁为简。

一、用发生比的变化解释回归系数

化繁为简的第一步是把发生比的自然对数的变化还原成发生比的变化，也就是以发生比之比率为测量单位，测量农业科技知识水平的提高对农民采用滴灌技术的意向的影响。上面已经让 Stata 执行了估计，现在让 SPost 做后估计分析。温馨提示：如果做完估计后，没有立即做后估计分析，需要重新运行估计指令。执行 SPost 指令：

listcoef, help

按：listcoef 是 listing coefficients 的缩写，意思是列出回归模型估计的若干系数，help（帮助）是要求输出表中缩写的意思（详见 Long and Freese, pp.178-183）。结果如下：

logit（N=791）：Factor change in odds

Odds of: yes vs no

	b	z	P>|z|	e^b	e^bStdX	SDofX
male	1.5937	3.778	0.000	4.922	2.220	0.500
science	0.3691	3.936	0.000	1.446	2.036	1.926
constant	-5.4103	-9.626	0.000	*	*	*

b = raw coefficient

z = z-score for test of b=0

P>|z| = p-value for z-test

e^b = exp(b) = factor change in odds for unit increase in X

e^bStdX = exp(b*SD of X) = change in odds for SD increase in X

SDofX = standard deviation of X

表中的术语，b 指对数回归系数，z 是检验零假设（b=0）得到的 z 值，P>|z| 指 z 检验的 p 值，e^b=exp（b）（回归系数的指数）=自变量 X 发生一个单位的变化时，发生比变化多少倍，e^bStdX=exp（b∗SD of X）=自变量 X 发生一个标准差的变化时，发生比变化多少倍，SDofX 指自变量 X 的标准差。

报告自变量的变化如何影响因变量的变化，以发生比的比率为测量单位，可以采用下面的文本。如果以农业科技知识水平为解释变量，以性别为控制变量，这样报告：不论男女，农业科技知识水平每提高一个层级，选择"会采用滴灌技术"的发生比增加 1.45 倍，这个变化幅度统计上高度显著（p<0.001）。如果以性别为解释变量（比如做性别研究），以农业科技知识水平为控制变量，这样报告：当农民的农业科技知识处于平均水平时，相对于女性而言，男性选择"会采用滴灌技术"的发生比高 4.92 倍，这个变化幅度统计上高度显著（p<0.001）。温馨提示：会采用的发生比=选择"会采用滴灌技术"的概率／(1−选择"会采用滴灌技术"的概率)。

Long and Freese 指出，尽管发生比的比率经常被用来解释对数回归的结果，但这个测量指标有局限性。发生比的比率的变化并不能直接反映因变量概率的变化。也就是说，发生比不告诉我们，当自变量发生一个单位的变化时，应答人选择"会采用滴灌技术"的概率会发生多大的变化。他们说："对发生比之比率的解释假定其他变量被保持不变，但并不要求他们被保持在一定的值上。这看起来仿佛解决了非线性问题，但实际上没有。发生比发生一个恒定的倍数（factor）变化，并不意味着概率发生一个恒定的变化。与发生比相比，概率提供了一个更有意义的解释量纲。例如，如果发生比是1/50，与之相对应的概率是0.020，因为 $p=\Omega/(1+\Omega)$（按：Ω 指发生比）。如果发生比倍增为2/50，概率增加0.019，达到0.038。对于你实际关心的问题而言，概率的这个小变化可能微不足道，但也可能相当重要（比如你发现了一个风险因子，该因子可以使一个研究对象罹患致命疾病的可能性增加一倍）。在另一种情况下，如果发生比是1/1，加倍增到2/1，概率增加0.167，达到0.667。在这个情况下，发生比之比率的变化倍数与前面相同，但这里的概率变化比在前面的情况下大得多。发生比之比率的实质意义取决于两个发生比未变时的具体值。这些发生比又取决于被预测的概率，后者又取决于模型中所有自变量的具体取值。对于用概率描述因变量的变化而言，无法回避模型的非线性问题。"（Long and Freese, pp. 234-235）

  两位专家讨论的模型非线性问题，指的是：在报告对数回归分析的结果时，解释对数回归系数的意义，不能采用解释线性回归系数的表述方式。我在《戏说》中简单讨论过这个问题："对数回归系数也有四点特殊之处。第一，在对数回归中，因变量的变化是一件事发生的概率的变化，但测量概率的指标是发生率的自然对数，后者的变化是一条曲线，所以，我们不能简单地说，自变量每变化一个单位，因变量就发生固定数量的变化。在对数回归中，自变量对因变量的影响的大小，取决于影响发生在曲线的位置。自变量增加一个单位，这个变化对因变量的影响发生在曲线中间比较陡的地方，比起发生在比较平缓的地方，影响幅度略大。不能简单地用线性回归的语言报告结果，因为相同的回归系数在 S 曲线的不同点上造成的影响并不相同。不要简单地说，教育程度每增加一年，当经理的程度增加 5%，这样说不准确。具体影响是多少，取决于自变量的变化发生在 S 曲线的什么地方。"（《戏说》，第 250 页）

除了两位专家指出的这个局限，发生比之比率还有个问题，就是容易让读者产生错觉，误以为自变量对因变量有巨大影响。比较两个概率，一个是 0.5，五五开，另一个是 0.6，六四开，不会觉得后者比前者大很多。但是，如果看与它们相应的发生比的比率，会觉得二者差别很大，前者的发生比是 1，后者的发生比是 1.5。以概率为测量单位，概率增加 10 个百分点；以发生比为测量单位，发生比增加 1.5 倍。所以，做社会科学研究，报告自变量对因变量的影响，要慎用发生比的比率。医学文献的惯例是用发生比的比率，或许因为医学研究的问题人命关天，貌似无足轻重的概率变化，后果可能十分重要，所以宁可选择高度敏感的变化指标。如果不知道发生比的比率则容易夸大变化幅度，看医学文献容易受惊吓。比如，某个年龄组比另一个年龄组癌症发病率高若干倍，看起来吓人，实际上可能没那么恐怖。

二、用概率的变化解释回归系数

现在用概率为测量单位，分析自变量增加一个单位时对因变量的影响。温馨提示：用 SPost 做后估计分析，使用的指令必须紧随估计指令。连续做后估计分析,难免使用相同的指令,不小心会张冠李戴。此外,每次后估计分析,结果会临时储存在数据中,有些指令会产生新变量,而 SPost 不允许使用相同的变量名称。所以,不妨养成一个习惯,就是每次做后估计分析时,都先重新运行估计。先运行"clear",清除记忆中已有的数据,然后重新打开"滴灌数据",再重复运行估计指令,继而运行后估计分析指令:

mchange

结果如下:

logit:Changes in Pr(y) | Number of obs=791
Expression:Pr(adopt), predict(pr)

	Change	p-value
male		
+1	0.144	0.008
+SD	0.055	0.004
Marginal	0.080	0.000
science		
+1	0.022	0.001
+SD	0.047	0.002
Marginal	0.019	0.000

Average predictions

	no	yes
Pr(y | base)	0.943	0.057

mchange 是 marginal change 的缩写,详见 Long and Freese, pp.166-171。上表中,"average predictions"下的 Pr(y | base)

指的是根据零假设计算的概率。"滴灌数据"中，791人对"是否采用"作了有效应答，其中746人（94.31%）答"不会"，45人（5.69%）答"会"。运行指令：help mchange，能看到十分详细然而也不易看懂的技术解释。

可以这样汇报分析结果。如果关注农业科技知识水平的影响，报告：不论男女，农业科技知识水平每提高一个层级，选择"会采用滴灌技术"的概率增加2.2个百分点，这个增加幅度统计上高度显著（p=0.001）。如果关注性别对采用滴灌技术的意向的影响，可以这样汇报结果：在农业科技知识水平处于平均水平的情况下，男性选择"会采用滴灌技术"的概率比女性高14.4个百分点，性别对于采用滴灌技术的意向的影响在统计上高度显著（p=0.008）。

三、计算理想型的概率

有的时候，我们在研究中会发现特别值得关注的群体。例如，有些农民特别自觉地学习农业科技，自己花钱买书甚至参加技术培训，农业科技知识水平很高，采用新技术的积极性也高，经济收益高于其他农民。如果我们有兴趣探讨这个现象背后的原因，就需要特意检验农业科技知识水平的效果究竟有多强。这时，可以构建理想型（ideal type）的农民，计算这些理想型具有采用滴灌技术的意向的概率。这里说的"理想型"，就是我们通常说的"典型"。为了简便，这里先构建两个理想型农民，分别计算他们具有采用滴灌技术的意向的概率。

第一个理想型：男性，农业科技知识水平等于0，计算他具有采用滴灌技术的意向的概率（参见 Long and Freese, pp. 270-280）。指令是：

mtable, at (male==1 science==0)

按：mtable 指的是根据计算的边际效应制作表格（Long and Freese, p. 155）。执行结果是：

Expression: Pr (adopt), predict ()

Pr (y)
0.022

Specified values of covariates

	male	science
Current	1	0

我们看到，第一个理想型的农民，具有采用滴灌技术的意向的概率是 2.2%。

第二个理想型：男性，农业科技知识水平等于 8，计算他具有采用滴灌技术的意向的概率。指令是：

mtable, at (male==1 science==8)

结果是：

Expression: Pr (adopt), predict ()

Pr (y)
0.297

Specified values of covariates

	male	science
Current	1	8

第二个理想型的农民，具有采用滴灌技术的意向的概率是 29.7%。前面看到，第一个理想型的农民，具有采用滴灌技术的

意向的概率是 2.2%。由此可见,农业科技知识水平从 0 上升到 8,具有采用滴灌技术的意向的概率增加 27.5 个百分点。这两个理想型农民采用滴灌技术的意向有显著区别。

构建理想型对社会科学研究十分重要,所以这里多说几句。构建理想型,就是根据自己的研究兴趣和已有文献,构建两个或多个自变量不同取值的组合,然后以这些组合为基础,计算因变量取某个特定值的不同概率,从而分析自变量的不同组合对于因变量之变会产生什么影响,进而判断它们产生的影响是否有显著的差异。这里的例子只有两个自变量,而且两个自变量都对因变量有显著的独立影响,所以,构建理想型的唯一用处是彰显自变量对因变量的影响幅度。如果有多个自变量,可以构建多个理想型,就可以检验两个理想型对因变量之变的影响是否有显著区别。检验方法有点复杂,但很有用,有兴趣的读者可以参照两位专家的详细解释(Long and Freese, pp. 274-275)。下面是我的实验,构建两个理想型,一个是"女性,农业科技知识水平为 0",另一个是"男性,农业科技知识水平为 8",比较两个自变量的这两个组合对因变量"采用滴灌技术的意向"的影响。

首先,打开数据,输入指令:

logit adopt male science

结果从略,执行指令:

estimates store base

执行指令:

mtable, atmeans post at（male＝0 science＝0）at（male＝1 science＝8）

结果如下：

Expression：Pr（adopt），predict（ ）

	male	science	Pr（y）
1	0	0	0.004
2	1	8	0.297

Specified values where .n indicates no values specified with at（ ）

	No at（ ）
Current	.n

执行指令：

mlincom 1-2

按：mlincom 指 linear combinations of margins estimates（边际效应估计的线性组合）。结果如下：

	lincom	pvalue	ll	ul
1	-0.292	0.000	-.0440	-0.144

意思是，与"男性，农业科技知识水平为8"的农民相比，"女性，农业科技知识水平为0"的农民选择"会采纳滴灌技术"的概率低29.2%，两种自变量组合对因变量之变的影响有显著差别（p<0.001）。温馨提示：做完定序回归，也可以做这里讨论的检验，探讨自变量状况的不同组合（理想型）对于作为因变量的定序变量之变有什么影响。检验程序比较复杂，有兴趣的朋友可以参照两位专家提供的详细指南自己探索。（Long and Freese, pp. 354-355)

四、图示解释变量对因变量的影响

英文有句话,"A picture is worth a thousand words",意思是,一图顶千言。有一次,我参加学术会议,一位学者展示精妙的图解,邻座的同行表示惊讶佩服,说了句:不知道他是怎么做出来的。这句话意味深长。我经常看不懂学者展示的复杂图表,更想不通怎样画复杂的图,有时不免以小人之心度君子之腹,怀疑做复杂精妙的图也许只是为了掩盖研究结果的苍白无趣。不过,如果研究发现确实让人看了眼睛一亮,不做图示,既不符合学术市场的新潮流,也不符合让同行花费最少的时间和精力得到最多新知识的职业伦理。所以,我在这里简单介绍一点如何用 SPost 画图。

(一)图解科技知识水平对"中性人"有采用滴灌技术的意向的边际效应

先说明一句,"中性人"指的是"无论男女"。也就是,取性别的平均值。这个说法很怪诞,但量化分析中不乏诸如此类的怪诞术语。先计算农业科技知识水平每提高一个层次对具有采用滴灌技术的意向的概率会产生多少边际效应,指令是:

margins, at(science=(0(1)8)) atmeans noatlegend

这个指令中,at(science=(0(1)8))的意思是,"农业科技知识水平"的取值范围从 0 到 8,变化单位是 (1)。有时,自变量测量单位很细,我们可以用这个指令浓缩自变量的影响,让影响幅度变得更加明显。例如，雇员数据中，年薪的测量很精细，以每年一美元为测量单位，变化幅度是每年 15 750 美元到每年 135 000 美元。假设数据中有个投票意向的问题，0＝不想投票；1＝想投票。如果我们认为年薪每年变化 1000 美元才会对雇员的投票意向有实质影响，就可以这样界定年薪的变化区间：at(salary = 15 750(1000) 135 000))。15750 被视为 0，年薪增长一个单位（1000 美元）算一个增长点。atmeans 的意思是，指令中未明确列举的自变量取样本平均值。回归模型中有两个自变量，除了农业科技知识水平，还有一个是性别，所以，这里的 atmeans 指性别取平均值，意思就是"无论男女"。指令中的 noatlegend 是为了简化输出结果。结果如下：

Adjusted predictions　　　　　　　　　　Number of obs = 791
Model VCE：OIM
Expression：Pr（adopt），predict（）

	Margin	Delta-method Std. Err.	z	p>|z|	[95% Conf. Interval]	
_at						
1	.0098688	.004642	2.13	0.034	.0007707	.0189669
2	.0142119	.0055069	2.58	0.010	.0034186	.0250052
3	.0204269	.0063567	3.21	0.001	.0079681	.0328857
4	.029279	.0072419	4.04	0.000	.015085	.0434729
5	.0418035	.0086391	4.84	0.000	.0248711	.0587359
6	.059358	.0119356	4.97	0.000	.0359646	.0827514
7	.0836406	.0191558	4.37	0.000	.0460959	.1211853
8	.1166253	.032057	3.64	0.000	.0537948	.1794559
9	.1603419	.0519279	3.09	0.002	.0585652	.2621187

在这个结果中,"农业科技知识水平"有9个点。起点的"1",是数据中的"0"。从0到8,有8个增长点。图中的"margin"是边际效应,告诉我们,农业科技知识水平每增加一个单位,对具有采用滴灌技术的意向的概率产生多大的边际效应。边际效应后边,依次是边际效应的标准误、z值、p值,边际效应在95%信心度上的置信区间。

现在画第一张图,控制性别,看农业科技知识水平如何影响具有采用滴灌技术的意向的概率。指令是:

marginsplot

结果如下:

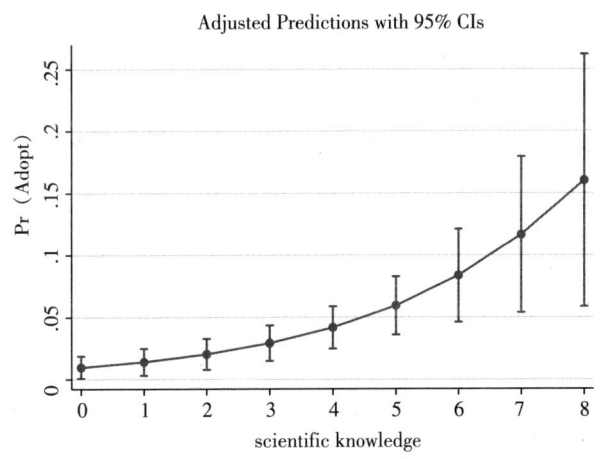

如果嫌每个增长点边际效应的置信区间让画面显得凌乱,可以去掉,修改制图指令即可。不过,制图指令必须紧随计算边际效应之后,所以,先重复运行计算边际效应的指令:

margins, at(science=(0(1)8)) atmeans noatlegend

然后运行修改过的制图指令:

marginsplot, noci

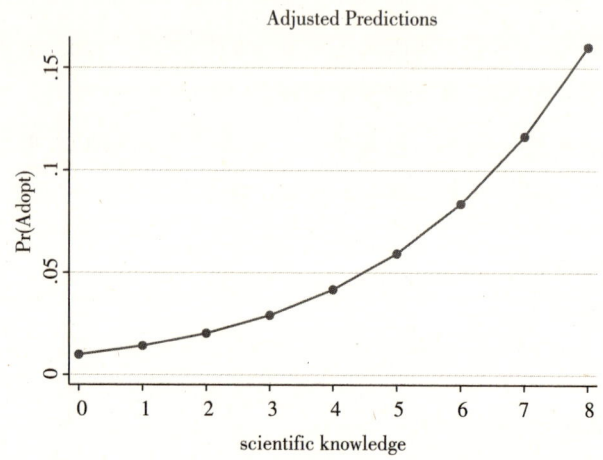

按:"noci",就是"no confidence interval"。新图简洁多了。

(二) 图解农业科技知识水平对女性具有采用滴灌技术的意向的边际效应

先估计农业科技知识水平每提高一个层次,对女性具有采用滴灌技术的意向的概率会产生多少边际效应,指令是:

margins, at(male==0 science=(0(1)8)) atmeans noatlegend

温馨提示:这个指令中,atmeans 指没有单独列举的控制变量取平均值,这个模型只有两个自变量,可以不包括这个指令,但包括也无害。male==0,就是指"女性"。结果如下:

Adjusted predictions   Number of obs = 791
Model VCE: OIM

Expression: Pr (adopt), predict ( )

	Margin	Delta-method Std. Err.	z	p>|z|	[95% Conf. Interval]	
_at						
1	.0044503	.0024902	1.79	0.074	-.0004305	.009331
2	.0064242	.0031761	2.02	0.043	.0001993	.0126492
3	.0092656	.0040728	2.28	0.023	.0012831	.0172481
4	.0133468	.0053278	2.51	0.012	.0029046	.0237891
5	.0191909	.007244	2.65	0.008	.0049929	.0333889
6	.0275224	.0103706	2.65	0.008	.0071964	.0478485
7	.039326	.0155649	2.53	0.012	.0088193	.0698327
8	.0559008	.0240078	2.33	0.020	.0088464	.1029552
9	.0788878	.0371739	2.12	0.034	.0060283	.1517472

制作不包含置信区间的图。

marginsplot, noci

结果如下:

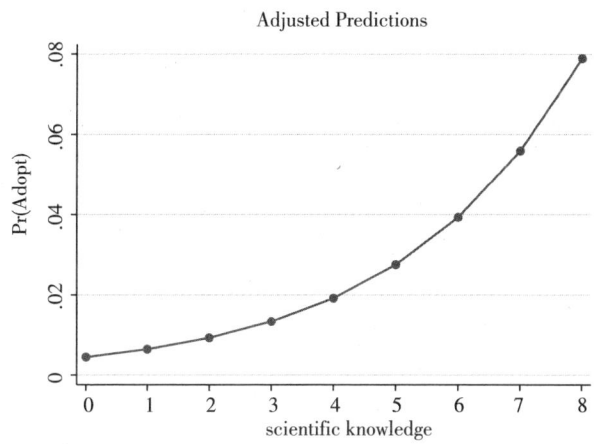

(三) 比较科技知识水平对男性和女性具有采用滴灌技术的意向的边际效应

现在画图比较农业科技知识水平每提高一个层次对于男性和女性具有采用滴灌技术的意向的概率会产生的边际效应。温馨提示：画图前，先重新运算二分变量回归，把"是否男性"(male) 作为定类变量纳入回归模型。这样做，与把"是否男性"当成连续变量纳入回归模型结果完全相同，但是，为了构建理想类型，必须把"是否男性"视为分类变量。运行指令：

logit adopt i. male science

按：这里"i. male"的意思是，male 是个定类变量，分别估计每个类别的边际效应。结果如下：

Logistic regression　　　　　Number of obs　　=　　791
　　　　　　　　　　　　　　LR chi2（2）　　=　　41.85
　　　　　　　　　　　　　　Prod>chi2　　　=　　0.000
Log likeihood=-151.76797　　Pseudo R^2　　　=　　0.1212

adopt	Coef.	Std. Err.	z	P>|z|	[95% Conf. Interval]	
male						
male	1.593665	.421814	3.78	0.000	.7669251	2.420406
science	.3690966	.0937766	3.94	0.000	.1852979	.5528954
_cons	-5.410329	.5620694	-9.63	0.000	-6.511965	-4.308693

温馨提示：这个结果中，自变量"male"被单独列出，作为指标变量（indicator variable），偏回归系数 1.593 前面的"male"，表示这个系数是当性别是男性而非女性时具有采用滴灌技术的意向的发生比的自然对数会增加 1.593。

先估计农业科技知识水平每提高一个层次对于男性和女性具有采用滴灌技术的意向的概率各自会产生的边际效应,指令是:

margins i. male, at(science=(0(1)8)) atmeans noatlegend

结果如下:

Adjusted predictions　　　　　　　　　　　　　　Number of obs = 791
Model VCE: OIM
Expression: Pr (adopt), predict ()

	Margin	Delta-method Std. Err.	z	p>|z|	[95% Conf. Interval]	
_at#male						
1#female	.0044503	.0024902	1.79	0.074	-.0004305	.009331
1#male	.0215275	.0099908	2.15	0.031	.0019458	.0411091
2#female	.0064242	.0031761	2.02	0.043	.0001993	.0126492
2#male	.0308415	.0116147	2.66	0.008	.0080771	.0536059
3#female	.0092656	.0040728	2.28	0.023	.0012831	.0172481
3#male	.0440041	.0129392	3.40	0.001	.0186438	.0693645
4#female	.0133468	.0053278	2.51	0.012	.0029046	.0237891
4#male	.0624225	.0138258	4.51	0.000	.0353244	.0895206
5#female	.0191909	.007244	2.65	0.008	.0049929	.0333889
5#male	.0878417	.0149033	5.89	0.000	.0586318	.1170517
6#female	.0275224	.0103706	2.65	0.008	.0071964	.0478485
6#male	.1222622	.0188864	6.47	0.000	.0852454	.1592789
7#female	.039326	.0155649	2.53	0.012	.0088193	.0698327
7#male	.1676906	.0295872	5.67	0.000	.1097007	.2256805
8#female	.0559008	.0240078	2.33	0.020	.0088464	.1029552
8#male	.225659	.0483275	4.67	0.000	.1309389	.3203792
9#female	.0788878	.0371739	2.12	0.034	.0060283	.1517472
9#male	.2965272	.0739376	4.01	0.000	.1516121	.4414423

制作不包含置信区间的图,指令是:

marginsplot, noci

结果如下:

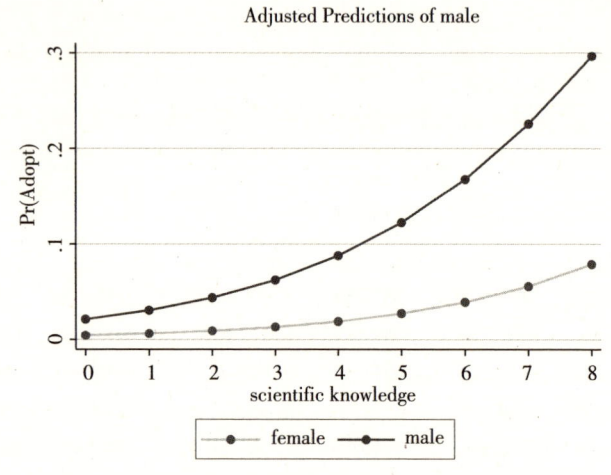

如果有兴趣做更多类型的图,请参看 Long and Freese 书的第 286-308 页。

第三节 用 SPost 做只有一个自变量的定序回归的后估计分析

这一节示范定序回归的后估计分析。本书第四章和第五章反复说过,定序回归系数意味着:当自变量发生一个单位变化时,对于因变量取值从第一层级变为第二层级的影响,对于因变量取值从第二层级变为第三层级的影响。如果定序回归能通过平行线检验,意味着上述两个影响相同。

一、只有一个自变量的定序回归

这一节讨论只有一个自变量的定序回归。因变量是 lead,指带头采用滴灌技术的意向,1=肯定不会;2=看情况;3=肯定会。以"是否男性"为自变量。打开 irrigation.dta,让 Stata 执行下面的指令:

ologit lead male

结果与第五章用 SPSS 分析的结果相同,只是使用的术语不同。结果如下:

Ordered logistic regression				Number of obs	=	733
				LR chi2(1)	=	20.74
				Prod>chi2	=	0.000
Log likeihood=−746.45694				Pseudo R Square	=	0.0137

lead	Coef.	Std. Err.	z	P>|z|	[95% Conf. Interval]	
male	.6416673	.1418765	4.52	0.000	.3635946	.9197401
/cut1	.3359314	.1059241			.1283241	.5435388
/cut2	1.695436	.1239067			1.452583	1.938288

二、平行线检验

做平行线检验,指令是:

brant, detail

详细的检验结果分为两个部分。第一部分是第五章详细解释的两步二分对数回归的结果:

Estimated coefficients from binary logits

Variable	y_ gt_ 1	y_ gt_ 2
male	0.656	0.605
	4.38	3.23
_cons	−0.342	−1.672
	−3.17	−11.48

legend: b/t

温馨提示: y_ gt_ 2, 因变量是1=肯定会, 0=看情况或肯定不会, 回归系数是0.605, 检验零假设（即回归系数=0）得到的z值是4.38。y_ gt_ 1, 因变量是1=肯定会或看情况, 0=肯定不会, 回归系数是0.656, 检验零假设（即回归系数=0）得到的z值是3.28。这两个分析, 第五章都做过。如果希望验证, 先运行：

logit leadlog1 male

这里的leadlog1, 就是"带头意向之一", 1=肯定会, 0=看情况或肯定不会。结果与第五章用SPSS做的相同：

Logistic regression		Number of obs	=	733
		LR chi2 (2)	=	10.71
		Prod>chi2	=	0.0011
Log likeihood = −370.13902		Pseudo R Square	=	0.0143

leadlog1	Coef.	Std. Err.	z	P>|z|	[95% Conf. Interval]	
male	.6045457	.1872651	3.23	0.001	.2375128	.9715785
_cons	−1.671742	.1456463	−11.48	0.000	−1.957203	−1.38628

再运行:

logit leadlog2 male

这里的 leadlog2, 就是"带头意向之二", 1=肯定会或看情况, 0=肯定不会。结果与第五章用 SPSS 做的相同:

Logistic regression

Number of obs = 733
LR chi2 (2) = 19.44
Prod>chi2 = 0.0000
Log likeihood=-498.35643   Pseudo R Square = 0.0191

leadlog2	Coef.	Std. Err.	z	P>|z|	[95% Conf. Interval]	
male	.6561841	.1498327	4.38	0.000	.3625174	.9498509
_cons	-.3422862	.1078593	-3.17	0.002	-.5536866	-.1308858

平行线检验的第二部分结果与 SPSS 的检验结果相同:

Brant test of parallel regression assumption (对平行回归假设的布兰特检验)

	chi2	p>chi2	df
All	0.09	0762	1
male	0.09	0.762	1

A significant test statistic provides evidence that the parallel regression assumption has been violated (显著的检验统计值提供了平行回归假设被违背的证据)

结果显示, 定序回归通过了平行线检验。温馨提示: 这里的零假设是定序回归模型符合平行线假设, 放弃这个零假设,犯一类错误（弃真）的概率为 76.2%。

三、用发生比的变化解释定序回归系数

现在看自变量增加一个单位对因变量的影响。以发生比的比率作为测量因变量之变的测量单位，就是把发生比的自然对数的变化换算成发生比的变化，运行：

listcoef

结果如下：

ologit（N=733）: Factor change in odds
Odds of: >m vs <=m

	b	z	P>|z|	e^b	e^bStdX	SDofX
male	0.6417	4.523	0.000	1.900	1.378	0.500

温馨提示：这个指令中不包括"，help"，为的是节约篇幅，"帮助"提供的信息，前面都介绍过了。在这里，只需要关注"e^b"下面的 1.900。重复一遍，e^b = exp（b）= factor change in odds for unit increase in X（X 增加一个单位，发生比的变化倍数）。e^b = 1.900，意思是，当性别由 0 变为 1 时，也就是男性与女性相比，男性选择"肯定会"或"看情况"而不是选择"肯定不会"的发生比是女性选择"肯定会"或"看情况"而不是选择"肯定不会"的发生比的 1.90 倍；男性选择"肯定会"而不是选择"看情况"或"肯定不会"的发生比是女性选择"肯定会"而不是选择"看情况"或"肯定不会"的发生比的 1.90 倍。简单说，两个发生比之比率相同，都是 1.90。温馨提示：因为预测出的发生比相同，定序回归也被称为比例发生

比模型（proportional odds model）。如果定序回归能通过平行线检验，报告分析结果时，也不妨采用下面虽然不精确然而更加简明易懂的说法：男性与女性相比，男性选择"肯定会"而非选择"看情况"的发生比是女性选择"肯定会"而非"看情况"的发生比的 1.90 倍；男性选择"看情况"而非选择"肯定不会"的发生比是女性选择"看情况"而非选择"肯定不会"的发生比的 1.90 倍。

如果希望验证这两个发生比的比率是否有显著的差异，先运行：

logit leadlog1 male

然后运行：

listcoef

结果是：

logit（N=733）：Factor change in odds

Odds of: definitely yes vs definitely not or it depends

	b	z	P>|z|	e^b	e^bStdX	SDofX
male	0.6045	3.228	0.001	1.830	1.353	0.500
constant	−1.6717	−11.478	0.000	·	·	·

意思是：男性选择"肯定会"而非"看情况或肯定不会"的发生比，比女性选择"肯定会"而非"看情况或肯定不会"的发生比高 1.83 倍。

继续验证，先运行：

logit leadlog2 male

然后运行：

listcoef

结果如下：

logit（N=733）：Factor change in odds
Odds of：it depends of definitely yes vs definitely no

	b	z	P>|z|	e^b	e^bStdX	SDofX
male	0.6562	4.379	0.000	1.927	1.388	0.500
constant	-0.3423	-3.173	0.002	.	.	.

意思是：男性选择"肯定会或看情况"而非"肯定不会"的发生比，比女性选择"肯定会或看情况"而非"肯定不会"的发生比高1.927倍。1.83不等于1.927，但二者没有统计上的显著差别。如果有，定序回归模型就通不过平行线检验。换言之，定序回归模型能通过平行线检验，意味着模型内计算的k-1个发生比的比率变化没有显著差异。

四、用概率的变化解释定序回归系数

上一节讨论了发生比的局限性，不再重复。现在用概率作为测量单位，解释定序回归系数的意义，执行：

predict lead1 lead2 lead3

温馨提示：SPost的默认设置是，如果简单输入predict，则预测的就是概率（pr=probability）。"lead1 lead2 lead3"是新变量，由使用者自行命名，需要注意的是，新变量不能与数据库内的变量重名，如果是连续对同一个数据做后估计分析，也不能以前面分析中用过的变量名命名新变量。这里因变量有三个层级，编码由低到高是"1=肯定不会"(definitely no),"2=看情况"(it depends),"3=肯定会"(definitely yes)。预测"lead1 lead2 lead3"的概率,就是预测自变量从0变成1时,因变量取值为"1""2""3"的概率。预测的概率存在临时文档中,不显示。结果如下:

. predict lead1 lead2 lead3

(option pr assumed; predicted probabilities)

预测三个概率的目的,是比较自变量为0时的概率与自变量发生一个单位变化(从0变成1)时的概率之间的差别。要看到这个边际效应,运行:

mchange

结果如下图:

ologit: Changes in Pr(y) | Number of obs = 733

Expression: Pr(lead), predict(outcome())

	definit~o	it depe~s	definit~s
male	0.656	0.605	
+1	-0.152	0.029	0.122
p-value	0.000	0.000	0.000
+SD	-0.078	0.021	0.057
p-value	0.000	0.000	0.000
Marginal	-0.156	0.052	0.104
p-value	0.000	0.000	0.000

Average predictions

	definit~o	it depe~s	definit~s
Pr(y|base)	0.501	0.290	0.209

这里只需要关注自变量"+1"后的情况。当性别由 0 变为 1 时，也就是男性与女性相比，男性选择"肯定不会"的概率比女性低 15.2 个百分点（-0.152），选择"看情况"的概率比女性高 2.9 个百分点（0.029），选择"肯定会"的概率比女性高 12.2 个百分点（0.122）。自变量是性别，计算它发生一个标准差的变化没有意义，所以我们不必关心"SD"的内容。

第四节 用 SPost 做有两个自变量的定序回归的后估计分析

现在看有两个自变量的定序回归的后估计分析。因变量仍然是带头采用滴灌技术的意向，一个自变量是"是否男性"，另一个自变量是"农业科技知识水平"。

一、有两个自变量的定序回归

由于 SPost 会存贮预测的概率，又不允许用相同的名称命名被预测的新变量，让 Stata 重新开启数据并清除记忆，然后执行下面的指令：

ologit lead male science

结果如下：

Ordered logistic regression			Number of obs	=	733
			LR chi2 (2)	=	70.79
			Prod>chi2	=	0.000
Log likeihood=-721.43462			Pseudo R Square	=	0.0468

lead	Coef.	Std. Err.	z	P>|z|	[95% Conf. Interval]	
male	.5056595	.1453279	3.48	0.001	.2208221	.790497
science	.2758133	.0400421	6.89	0.000	.1973322	.3542943
/cut1	1.23487	.1730864			.8956269	1.574113
/cut2	2.668462	.1949454			2.286376	3.050547

二、平行线检验

做平行线检验，指令是：

brant, detail

详细的检验结果分为两个部分。第一部分的内容如下：

Estimated coefficients from binary logits

Variable	y_gt_1	y_gt_2
male	0.515	0.451
	3.31	2.34
science	0.279	0.274
	6.44	5.10
_cons	-1.249	-2.625
	-6.86	-10.45

legend: b/t

第三节已经讨论过类似的结果，但值得重复，因为这里有两个自变量，表中展示的回归系数是偏回归系数，系数下面的数字是检验零假设（即偏回归系数=0）得到的 z 值。

下面是我们最关心的平行线检验结果：

Brant test of parallel regression assumption

	chi2	p>chi2	df
All	0.15	0.928	2
male	0.13	0.719	1
science	0.01	0.919	1

A significant test statistic provides evidence that the parallel regression assumption has been violated.

定序回归模型通过了检验。模型中有两个自变量，平行线检验结果有两个部分，一是模型总体能否通过检验，二是模型的每个自变量能否通过检验。检验结果显示，模型总体通过了检验，两个自变量也各自通过了检验。重复一次：这个检验十分重要，如果通不过，就不需要做后续分析。

三、用发生比的变化解释定序回归系数

运行：

listcoef

结果如下：

logit （N=733）: Factor change in odds

Odds of: >m vs <=m

	b	z	P>|z|	e^b	e^bStdX	SDofX
male	0.5057	3.479	0.001	1.658	1.288	0.500
science	0.2758	6.888	0.000	1.318	1.681	1.883

前面说过，e^b = exp（b）= factor change in odds for unit increase in X（X增加一个单位，发生比的变化倍数）。这里有两

个倍数，1.658和1.318。分别解释：male，e^b＝1.658，意思是，当"农业科技知识水平"是平均值的情况下，当性别由0到1时，也就是男性与女性相比，男性选择"肯定会"或"看情况"而不是选择"肯定不会"的发生比是女性选择"肯定会"或"看情况"而不是选择"肯定不会"的发生比的1.658倍；男性选择"肯定会"而不是选择"看情况"或"肯定不会"的发生比也是女性选择"肯定会"而不是选择"看情况"或"肯定不会"的发生比的1.658倍。

science，e^b＝1.318，意思是，无论男女，"农业科技知识水平"每提高一个层级，受访人选择"肯定会"或"看情况"而不是选择"肯定不会"的发生比提高1.318倍；选择"肯定会"而不是选择"看情况"或"肯定不会"的发生比也提高1.318倍。

四、用概率的变化解释定序回归系数

现在用SPost计算概率的变化。执行：

predict lead1 lead2 lead3

输出结果如下：

. predict lead1 lead2 lead3

（option pr assumed；predicted probabilities）

我们看不到具体结果，但实际上已经存好备用。先看性别的影响，输入指令：

mchange male, brief

结果如下：

ologit：Changes in Pr（y） | Number of obs = 733
Expression：Pr（lead），predict（outcome（ ））

	definit~o	it depe~s	definit~s
male			
+1	-0.114	0.025	0.089
p-value	0.000	0.000	0.001
+SD	-0.058	0.016	0.042
p-value	0.000	0.000	0.001
Marginal	-0.116	0.037	0.079
p-value	0.000	0.001	0.000

这里只需要关注自变量"+1"后的情况。在控制农业科技知识水平的前提下，也就是说，农业科技知识水平取平均值，当性别由 0 变为 1 时，也就是男性与女性相比，男性选择"肯定不会"的概率比女性低 11.4 个百分点（-0.114），选择"看情况"的概率比女性高 2.5 个百分点（0.025），选择"肯定会"的概率比女性高 8.9 个百分点（0.089）。自变量是性别，计算它发生一个标准差的变化没有意义，所以我们不必关心"SD"的内容。

再看"农业科技知识水平"的影响，输入指令：

mchange science, brief

结果是：

```
. mchange science, brief
ologit: Changes in Pr (y)  | Number of obs = 733
Expression: Pr (lead), predict (outcome ( ) )
```

	definit~o	it depe~s	definit~s
male			
+1	-0.063	0.017	0.046
p-value	0.000	0.000	0.000
	definit~o	it depe~s	definit~s
+SD	-0.117	0.026	0.091
p-value	0.000	0.000	0.000
Marginal	-0.063	0.020	0.043
p-value	0.000	0.000	0.000

这个结果的主要内容是：控制性别，也就是说，不论男女，当农业科技知识水平提高一个水平层级时，选择"肯定不会"的概率降低6.3个百分点（-0.063），选择"看情况"的概率增加1.7个百分点（0.017），选择"肯定会"的概率提高4.6个百分点（0.046）。如果把农业科技知识水平视为连续变量，可以报告：不论男女，农业科技知识水平提高一个标准差，选择"肯定不会"的概率降低11.7个百分点（-0.117），选择"看情况"的概率增加2.6个百分点（0.026），选择"肯定会"的概率提高9.1个百分点（0.091）。

五、计算理想型选择"肯定会"的概率

前面做二分对数回归的后估计分析时，构建了理想型（ideal type）的农民，计算这些理想型具有采用滴灌技术的意向的概

率。做定序回归的后估计分析,也可以构建理想型。为了简便,这里只构建两个理想型农民,分别计算他们选择"肯定会"带头采用滴灌技术的概率。

第一个理想型:男性,农业科技知识水平等于0,计算他选择"肯定不会""看情况""肯定会"的概率(参见 Long and Freese, pp. 351-355),指令是:

mtable, at (male==1 science==0)

结果如下:

Expression: Pr (lead), predict (outcome ( ))

definitely_ no	it_ depends	definitely_ yes
0.675	0.222	0.103

Specified values of covariates

	male	science
Current	1	0

第一个理想型的农民,选择"肯定不会"的概率是67.5%,选择"看情况"的概率是22.2%,选择"肯定会"的概率是10.3%。

第二个理想型:男性,农业科技知识水平等于8,计算他选择"肯定不会""看情况""肯定会"的概率,指令是:

mtable, at (male==1 science==8)

结果如下:

```
Expression: Pr(lead), predict(outcome())

 definitely_ no     it_ depends     definitely_ yes
     0.186            0.303              0.511
```

Specified values of covariates

	male	science
Current	1	8

第二个理想型的农民,选择"肯定不会"的概率是18.6%,选择"看情况"的概率是30.3%,选择"肯定会"的概率是51.1%。前面看到,第一个理想型的农民选择"肯定不会"的概率是67.5%,选择"看情况"的概率是22.2%,选择"肯定会"的概率是10.3%。由此推测,农业科技知识水平从0上升到8,男性农民选择"肯定会"带头采用滴灌技术的概率增加40.8个百分点。

六、图解解释变量对因变量的影响

前面已经详细介绍了如何用SPost画图,这里一切从简。先估计农业科技知识水平每提高一个层次对带头采用滴灌技术的概率产生多少边际效应,指令是:

mgen, at(science=(0(1)8)) stub(CL_) atmeans noatlegend

这个指令中的"mgen"是生成边际效应,stub(CL_)是指定以"CL_"作为与边际效应相关的指标名称的前标。为了简便,这里采用Long and Freese书中的前标CL,意思是Class。结果如下:

Predictions from: margins, at (science= (0 (1) 8)) atmeans noatlegend predict (outcome ( ))

Variable	Obs	Unique	Mean	Min	Max	Label
_pr1	9	9	.4711489	.2256412	.7258001	pr (y=definitely no) from margins
_ll1	9	9	.4188973	.1595965	.6623392	95%lower limit
_ul1	9	9	.5234005	.2916859	.789261	95%upper limit
_science	9	9	4	0	8	scientific knowledge
_Cpr1	9	9	.4711489	.2256412	.7258001	pr (y<=definitely no)
_pr2	9	9	.2926979	.1915601	.3437075	pr (y=it depends) from margins
_ll2	9	9	.2545643	.1496787	.3052039	95%lower limit
_ul2	9	9	.3308315	.2334415	.382211	95%upper limit
_Cpr2	9	9	.7638468	.5499583	.9173602	pr (y<=it depends)
_pr3	9	9	.2361532	.0826398	.4500416	pr (y=definitely yes) frommargins
_ll3	9	9	.1919861	.0554696	.3586916	95%lowe limit
_ul3	9	9	.2803203	.10981	.5413917	95% upper limit
_Cpr3	9	2	1	.9999999	1	pr (y<=definitedly yes)

Specified values of covariates

male
.5170532

执行:

label var CL_ pr1 "definitely not"

执行:

label var CL_ pr2 "it depends"

执行:

label var CL_ pr3 "definitely yes"

执行:

label var CL_ Cpr1 "definitely not"

执行:

label var CL_ Cpr2 "definitely not/it depends"

执行:

graph twoway connected CL_ pr1 CL_ pr2 CL_ pr3 CL_ science, title ("Predicted Probabilities")

得到下图:

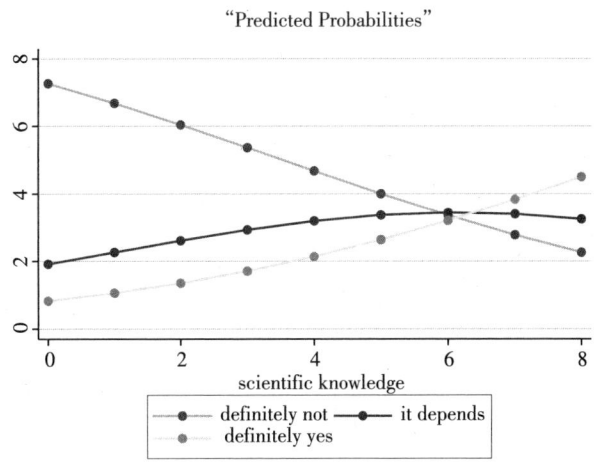

温馨提示：上述指令是一步步的，追求简便，可以把它们写成 dofile。打开 graphing ologit. do，会看到如下内容：

ologit lead i. male science

mgen, at(science = (0 (1) 8)) atmeans stub(CL_) noatlegend

label var CL_ pr1 "definitely not"

label var CL_ pr2 "it depends"

label var CL_ pr3 "definitely yes"

label var CL_ Cpr1 "definitely not"

label var CL_ Cpr2 "definitely not/it depends"

graph twoway connected CL_ pr1 CL_ pr2 CL_ pr3 CL_ science, title ("Predicted Probabilities")

打开数据，运行这个 dofile，就可以得到上图。

由上图可以看出，无论男女，随着农业科技知识水平的提高，选择"肯定不会"的概率明显下降，选择"看情况"的概率变动不大，选择"肯定会"的概率明显上升。

如果喜欢简单的分析，做简单的图，比如，只关心农业科技知识水平的提高如何影响一个人选择"肯定会"而非"肯定不会或看情况"的概率会发生什么样的变化，可以做一个二分对数回归，对因变量重新编码：0＝肯定不会或看情况；1＝肯定会。把这个因变量命名为 leadlog1，运行二分对数回归：

logit leadlog1 i. male science

重复本章第二节的程序即可制图。下面展示的是农业科技知识水平增长对男性和女性选择"肯定会"而非选择"肯定不会或看情况"的概率变化的影响。

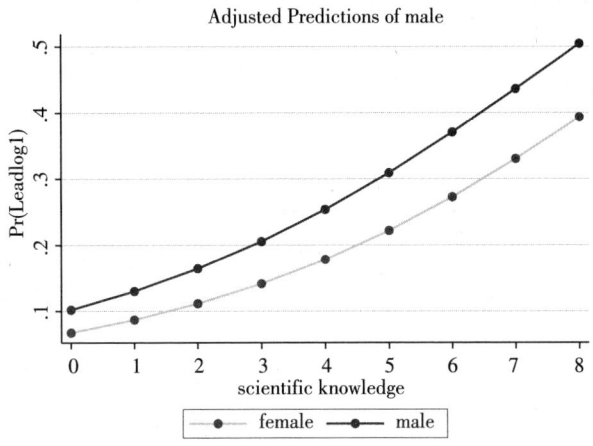

第五节 用 SPost 做有多个自变量的定序回归的后估计分析

现在看多个自变量的定序回归。解释变量是"农业科技知识水平",三个控制变量都是人口学背景变量:一是"是否男性";二是年龄,以岁数为测量单位;三是教育程度,以上学年数为测量单位。

一、多元定序回归

由于 SPost 会存贮预测的概率,又不允许用相同的名称命名被预测的新变量,让 Stata 重新开启数据并清除记忆,然后执行下面的指令:

ologit lead science male age edu

温馨提示：这是最接近实际研究的定序回归模型。为了便于后续分析，做多元回归时需要注意自变量的排序，把解释变量排在第一位，控制变量的排序也需要注意学术界的约定。结果如下：

Ordered logistic regression

Number of obs = 732
LR chi2 (4) = 72.75
Prod>chi2 = 0.000
Log likeihood=-718.88228
Pseudo R Square = 0.0482

lead	Coef.	Std. Err.	z	P>|z|	[95% Conf. Interval]	
science	.2633172	.043005	6.12	0.000	.179029	.3476055
male	.5723393	.1539731	3.72	0.000	.2705576	.874121
age	-.0099727	.0068062	-1.47	0.143	-.0233126	.0033673
edu	.0087847	.0272273	0.32	0.747	-.0445798	.0621493
/cut1	.9053508	.3639095			.1921012	1.6186
/cut2	2.34384	.3730612			1.612653	3.075026

二、平行线检验

平行线检验结果如下：

Brant test of parallel regression assumption

	chi2	p>chi2	df
All	64.38	0.000	4
science	1.72	0.189	1
male	2.95	0.086	1
age	20.17	0.000	1
edu	12.83	0.000	1

A significant test statistic provides evidence that the parallel regression assumption has been violated.

实际研究中，遇到这样的平行线结果已经足以让研究者感到宽慰。模型中有四个自变量，检验结果分两个部分。一是模型总体检验，未通过平行线检验，p<0.001。二是解释变量"农业科技知识水平"通过了检验，最主要的控制变量"是否男性"也通过了。后续分析值得做下去。

先看教育程度，教育程度不显著，可能是因为它与"农业科技知识水平"相关，不过二者相关性较弱（0.34），为了符合社会科学量化分析的范式，回归模型内保留教育程度，但后估计分析不妨忽略它，一是因为它不显著，二是因为它未通过平行线检验。

再考虑年龄。年龄对因变量没有显著影响，但是，我们不能简单以此为理由忽略它，因为采用滴灌技术意向与年龄可能是倒 U 型相关，中年人比较容易采用滴灌技术。年轻人外出打工，老年人倾向保守。中年人长年在农村，利害相关重大，更可能采用滴灌技术。如果年龄与采用滴灌技术意向确实是正曲线相关，而模型预设了近似线性相关，回归系数就会不显著。为了检验这种可能性，把对年龄的平方纳入回归模型，但年龄仍然通不过平行线检验（参见本书第九章第二十二节"为什么取自变量的平方？"）。

Brant test of parallel regression assumption

	chi2	p>chi2	df
All	54.82	0.000	5
science	1.75	0.185	1
male	2.65	0.103	1
age	8.03	0.005	1
agesq	4.75	0.029	1
edu	11.95	0.001	1

A significant test statistic provides evidence that the parallel regression assumption has been violated.

然后，对年龄重新编码，把年龄编为年龄段：1 = 18 - 27；2 = 28 - 37；3 = 38 - 47；4 = 48 - 57；5 = 58 及以上。理由是，某个年代的人构成一个具有特定心理的世代群（cohort），例如"60 后""70 后""80 后"。年龄还是通不过平行线检验。

最后，这时，可以简要声明已经做了上述探索，在后续分析中忽略没有显著影响的年龄。也可以使用替代定序回归模型，如 slogit 和 gologit2（参见 Long and Freese, pp. 370-382）。当然，如果是专门做年龄对采用新技术的影响，就不能轻易放弃，可以继续探索对年龄做不同的处理。有一个结果是：控制年龄平方，年龄组对采用滴灌技术意向有显著负影响，有兴趣的朋友可以自行演算。

这个简单的分析，最值得关注和深入探讨的结果是："控制性别、年龄、教育程度，一个农民的农业科技知识水平越高，采用滴灌技术意向越强。"解释变量"农业科技知识水平"是有九个层级的变量，专家说，自变量层级越多，定序回归模型就越难通过平行线检验。另外,自变量层级越多,采用定类回归得出的结果就越难总结。考虑到这两个因素,在这项研究中放弃定序回归模型,采用多项定类回归(multinomial logit regression),可能得不偿失。

小结

用 SPost 作后估计分析,操作比较繁琐,用户手册是本五百多页的厚书,学习时需要耐心。SPost 可以做很多精致的后估计分析,画出多种复杂的图表。不过,到目前为止,SPost 只适用于 Stata 的单层回归分析,不适用于双层模型。但这不算问题。双层分析毕竟是锦上添花。做完双层回归,再做一个单层回归,然后用 SPost 做后估计分析,也自有其价值。报告结果时,需要声明这分析没有考虑二层数据的影响。

如果把估计比作画龙,后估计分析的功能便是点睛。

第七章
结构方程建模是拟体裁衣

结构方程建模（Structural Equation Modeling，简称 SEM），构建出的模型叫作结构方程模型（Structural Equation Models）。结构方程建模的操作部分，没有图像说不清楚。我的视频课"让每一个文科生都成为统计高手"的 SPSS 操作部分，简单介绍了如何使用 Amos 做结构方程建模。这里补充讨论几个常见的问题。

第一节 结构方程建模

用三个或更多个指标测量潜在变量，再用路径分析把潜在变量串联起来，就是结构方程建模，构建出的模型叫作结构方程模型。如果不区分建模（modeling）与模型（models），就是不区分过程与结果。

一、测量模型

结构方程建模的第一步是建立测量模型。建立测量模型的依据是验证性或证实性因子分析（confirmatory factor analysis）。讨论结构方程建模时，一般把传统的因子分析叫作探索性因子分析

(exploratory factor analysis),以示区别。做探索性因子分析时,我们不知道因子结构,也不预设因子结构。具体来说,即我们不预设从一组指标中可以提取几个因子,也不预设哪几个指标背后是同一个因子。可以说,探索性因子分析的思路是归纳。相反,做证实性因子分析,我们预设几个指标背后是一个因子,然后构建一个测量模型验证我们的预设。可以说,验证性因子分析的思路是演绎。以上讲的是理论,在研究实践中,一般是先做探索性因子分析,然后根据结果构建验证性因子分析模型。这样做,可以减少结构方程建模的盲目性,少遭受挫折,同时又能利用结构方程建模的优点。

社会科学研究经常以隐含的态度、偏好、价值取向、评价为因变量和自变量,为了准确测量这样的隐含变量,经常使用三个或更多个指标。我们可以用这些指标构建可靠的量表,例如构建简单相加量表或取因子值,在结构方程建模中,构建测量模型替代了构建量表,用几个指标测量一个潜在建构(latent constructs)或因子。验证性因子分析,假定潜在的因子或潜变量是原因,指标是结果。比如,规则意识是个潜变量,是个价值观念。如果做探索性因子分析,我们只能猜测某些指标可能是规则意识的表现,比如,遵守交通规则、上车或购物时排队。做验证性因子分析,理论上勇气更大,预先设想规则意识会如何影响人的行为方式,根据这些预设的影响,设计测量指标,并假定指标变化背后的原因是规则意识的有无与强弱。用三个或更多个(不能少于三个)指标(观察变量或显变量)测量一个潜在的因子或潜变量,然后把测量模型作为一个变量纳入结构模型。下图是用 Amos 做的一个测量模型,潜变量叫作"latent1",三个显变量分别叫作"IND1""IND2""IND3",误差项叫作"err1""err2""err3"。(温馨提示:模型中的显变量必须是数据库中的变量,潜变量和误差项必须不在数据库中,命名时不能与数据库中已经有的变量重名。)

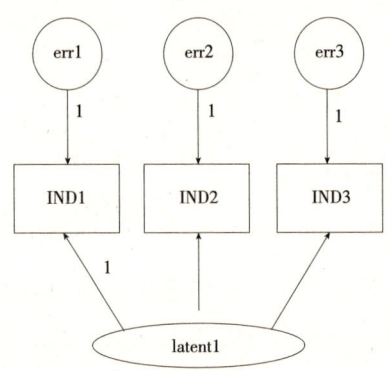

建构测量模型阶段,经常出现三个问题。一是忽略量纲。潜变量没有量纲,需要跟显变量借。潜变量看不见摸不着,无法直接测量,所以也就没有一个尺度,没有测量单位,没有量纲。比如信任,潜在的信任没有量纲。但是,计算不能没有量纲。所以要选一个显变量,把它的量纲借给潜变量。比如,有个显变量是信任的指标,定序测量,有五个层级:(1)很不信任,(2)不信任,(3)半信半疑,(4)信任,(5)很信任。这个显变量的量纲就是 1、2、3、4、5。让它把量纲借给潜变量,潜变量就采用了相同的量纲,也是 1、2、3、4、5。借用的方式,就是规定潜变量发生一个单位的变化,显变量就发生一个单位的变化，一一对应。规定潜变量与一个显变量的回归系数为1，即规定二者有一一对应的共变关系，潜变量增大或减小一个单位，显变量就相应地增大或减小一个单位。这样，显变量用什么量纲测量，这个量纲就借给了潜变量。这里的回归系数指的是非标准化的回归系数，也就是说，显变量变化一个单位，是非标准化的测量单位。专家说，选择出借量纲的显变量，最好选择与潜变量关系最铁的那一个，所谓最铁，就是非标准化回归系数最高。Amos 要求明确画出量纲，可以做完初步估计后看看是否需要调整。量纲，就是上图从潜变量"latent1"指向显变量"IND1"的箭头上标的回归系数"1"。温馨提示：Mplus 默认排在第一位的指标把量纲借给潜变量，如果用 Mplus 表述上面的 Amos 测量模型图，写为 latent1 BY IND1 IND2 IND3。"BY"的意思就是"measured by"（被测量）。顺便提一句，Mplus 没有汉化版，如果英语不够好，无法自学。

二是指标或显变量不到三个，测量模型不能被识别（unidentified），意思是指标过少，没有给测量模型提供足够的信息。温馨提示：单个测量模型，指标不能少于三。作为结构模型的一个部分，测量模型只有两个指标，也能过关。理论上，它可以借用其他测量模型多余的信息。不过，这样做容易受到挑战。

三是指标或显变量过多过杂，致使潜变量的意义变得含混不清。纳入任何一个显变量都要有理论依据，不能生搬硬套，更不能"拣到篮里就是菜"。

二、结构模型

建构结构模型，就是根据理论和既有研究提出关于变量之间的关系的研究假设。建构结构模型与传统的建构回归模型有重要的区别。传统的回归模型，包含因变量和自变量，自变量细分为解释变量（预测变量）和控制变量。对自变量的区分，靠研究者自己掌握，在回归模型中反映不出来。打个比方，回归分析是把解释变量与控制变量一锅煮。所以，做回归分析，要警惕严重共线性问题。例如，用 Amos 分析雇员数据，以是否经理为因变量，教育程度与是否少数族裔为自变量，做二分对数回归的模型，画出图来如下，如果有充分理由假定两个自变量之间不相关，可以不画连接它们的弧线，这在传统的回归分析中做不到。温馨提示：本章的练习数据与模型分别存在两个子目录中，一个是 Amos，另一个是 Mplus。在 Amos 子目录中，能找到模型 Amos logit. amv，子目录中有雇员数据，Employee data. sav。如果电脑已经安装 Amos，点击 Amos logit. amv 就能看到下图：

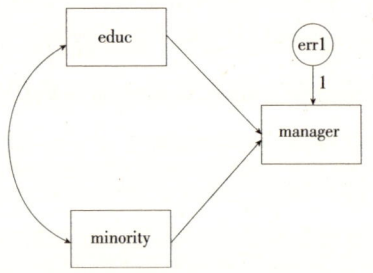

结构方程建模比传统的回归分析精致了很多，体现在对变量的分类上，是多出一类变量，即中介变量。为了避免歧义，做结构方程模型采用一套新的术语界定变量的类型。首先，把只是原因不是结果的变量叫作外生变量或外来变量（exogenous variable），亦称上游变量（upstream variable），它们在模型中影响其他变量，但不受其他变量影响，反映在模型图上，只往外发射箭头，不接受外来的箭头。其次，把既是结果又是原因的变量叫作中介变量（mediator 或 mediating variable）。对于外生变量而言，中介变量是因变量；对于回归分析中说的因变量而言，中介变量是自变量。最后，把只是结果不是原因的变量叫作结果变量（outcome variable），亦称下游变量（downstream variable）。

区分了这三类变量，构建结构模型时，可以采用路径分析（path analysis）的思路。例如，可以把中介变量与外生变量放在结构方程的两个阶段，避免把所有的自变量一锅煮。例如，外生变量是 A，中介变量是 B，结果变量是 C，结构模型就可以画为 A → B → C，分析中介作用或间接作用，即变量 A 通过影响变量 B 影响变量 C。例如，用 Amos 分析雇员数据，以是否经理为结果变量，以教育程度为中介变量，以是否少数族裔为外生变量，假定少数族裔对于当经理的概率没有直接影响，但通过影响教育程度产生影响。作路径分析，仍然是二分对数回归，画出图来如下（模型名称是：Amos path analysis.amv）：

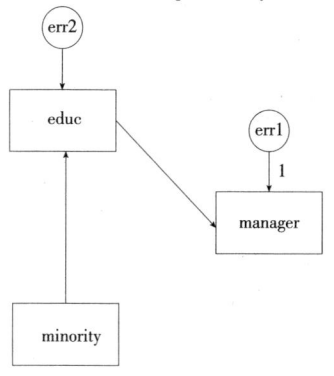

温馨提示：构建结构模型，一般以潜变量为预制板，但这并不意味着不能用单块砖头作为建筑材料，诸如性别年龄甚至投票意向乃至信任这样的显变量，关键是这里假定这些砖头是完美的测量工具，没有误差。单块砖头，既可以做外生变量，也可以做中介变量，还能做结果变量。

第二节　结构方程建模的优点

结构方程建模有四个突出的优点。其一，它是全息模型，食材下锅前，保持原汁原味。其二，它让我们看清自己的思路，不允许含糊其辞，模棱两可。其三，它让我们预先知道模型是否契合数据，避免穿上不合身的衣服招摇过市。其四，可以计算原来可望而不可即的结果。

一、全息模型

构建量表会损失信息，不管是简单叠加还是取因子值，都会损失信息。比如，量表可靠度0.8，已经很好，但这个量表只保留了各指标原有信息的64%，另外的36%在构建量表阶段损失了。那些损失的信息中，也许有一部分是有用的。结构方程模型是全息模型，既提高潜变量的测量精度，又保全指标中的所有信息。

结构方程建模流行前，使用简单相加量表（simple summation index）很容易过关，报出足够高的可靠度系数（Cronbach's alpha）

就行。所谓"足够高",社会科学界的约定是 0.7。现在得赶潮流,因为结构方程建模可以保全数据信息。现在有了号称全息模型的 SEM,相当于有了高倍望远镜,仍然用低技术时代的低倍望远镜观察你的数据,挑剔的评审不会轻易让你过关。打个比方,同样是研究《全唐诗》,使用新发明的文本分析软件写论文,比根据人工检索写论文,分析水平相同,但发表机会较高。有了先进的工具,必须使用更先进的。同一个数据库,回归分析与结构方程建模的结果基本相同,但结构方程建模的结果可能比回归分析精密,回归分析则不可能比结构方程建模的结果精密。有时,差别只是一点点,但关键的回归系数从不显著变得显著了。

二、清晰看见自己的思路

结构方程建模的突出优点是让我们在模型图中清晰地看到自己的思路。例如,如果两个自变量(无论是潜变量还是显变量)在不能忽略不计的程度上相关,如果建的模型不允许它们相关,那么模型的拟合优度一定过不了关。如果模型允许二者相关,我们就可以在带相关系数的模型图中直接看到二者的相关系数。

三、不穿不合身的衣服招摇过市

结构方程建模的最大优点是,可以检验模型跟数据是否合身。传统的回归分析,相当于做一件衣服,做完了,只要能通过显著度检验、平行线检验等常规检验,相当于只要有信心认为"穿这件衣服比不穿任何衣服强"或"这件衣服不是太离谱"，就是根据衣服的长短肥瘦判断其主人身体的状况。事实究竟是什么，不管那么多。但是，如果衣服不合身，根据衣服做出的对衣服主人身材的判断肯定不准确。

结构方程建模的好处是，做好衣服，先试穿，不合身就修改。改合身了再穿出去。如果改来改去还是不合身，要么放在家里当睡衣，要么拆掉重做，或者干脆丢入垃圾箱，不穿出去招摇过市。在学术界，可以默默无闻，端牢饭碗就可以，丢人现眼的事，千万别做。

四、计算原来可望而不可即的结果

做传统的回归分析，借助后估计分析，可以计算出适合在论文中报告的结果，参见本书第六章。但是，后估计分析的先决条件是做好估计，模型中没有的内容，后估计分析做不出来。结构方程建模更便于做两个估计，一是估计间接效应，二是比较两个潜变量的平均值，简单介绍如下。

（一）计算间接效应

我写过一篇文章，分析农民对村委会主任选举的偏好。采用结构方程建模，但结果变量是个观察变量，不是潜在的，自变量与中间变量是潜在变量。基本论点是，农民对村委会主任的信任度与他们要求更换村领导的强度成反比，更换领导要求的强度与对选举的偏好成正比。采用结构方程建模，目的是验证一个假设：对现任村委会主任的信任度先影响要求更换村领导意愿的强度，再通过这个中介变量，影响对选举的偏好，也就是有间接效应（indirect effect）。我当年使用的是 Mplus 5.0，使用的数据是 POBE2009.dat，模型名称是 POBE2009.inp，数据与模型都存在本章练习数据中，有兴趣的朋友可以自己测试。

(二) 比较潜变量的平均值

在另一篇文章中，我采用自然实验方法，分析第一次村民委员会直接选举对农民的外在效能感的影响。我用四个指标测量外在效能感。前三个涉及村内政治。测量指标是："如果村委会干部不按上级有关政策办事，您会不会从事下列活动？"(1) 下次选举不投他们的票；(2) 下次选举动员其他村民不投他们的票；(3) 联合其他村民提议罢免他们。对每个选项，供选择的答案是：(0) 不会；(1) 会。第四个指标涉及村民、村干部与乡镇政府的关系："如果您觉得乡政府作出的决定不符合中央政策和规定，您怎么办？"一个选项是"让村委会主任到乡里提意见"，供选择的答案是：(0) 不会；(1) 会。

我选择的这个县，在 1999 年第一次推行村民委员会直接选举。选举前和选举后各做一次问卷调查，调查对象是同一批村民，两次调查使用了相同的问题测量村民的外在效能感。调查显示，选举过程显著提高了村民的外在效能感，变化在四个指标上的反映都很明显。例如，选择"下次选举不投他们的票"的村民，选举后增加了 20%。

由于四个指标都是二分定序变量，使用适合连续变量的 Amos，有失严谨。我使用比较擅长处理定序变量的 Mplus。分析结果是，验证性因子分析的模型拟合优度过关。另外，假定选举前村民的平均外在效能感是 0，选举后的平均外在效能感是

0.551，标准误是 0.102，平均值的差异统计上高度显著（p<0.001）。我使用的是 Mplus 5.0，使用的数据库是 First wave.dat 与 Second wave.dat。验证性因子分析模型的名称是：Confirmatory factor analysis（first wave）与 Confirmatory factor analysis（second wave）；比较潜变量平均值的模型名称是 Comparing latent means.inp；两个数据库与三个模型都存在本章的练习数据中，有兴趣的朋友可以自己测试。

第三节 结构方程建模的难点

讨论定序回归时说过，优点就是难点，这里也是如此。

一、绝对拟合与渐进拟合

传统的回归分析基本上是探索性的，所以，回归模型的拟合优度问题并不特别突出。结构方程建模，理论上是验证性的，思路更强调演绎，模型拟合优度的检验变得格外重要。有些实验心理学家认为，做结构方程建模，必须采用"绝对拟合指数"（absolute fit indices），例如根据卡方值和自由度做检验。他们认为，结构方程建模更像闭门造车，创造一个理论，据此构建模型，推想一些潜变量，设计测量指标，然后收集数据，看模型是否合适。不合适，就推倒重来，不能根据数据修改模型。这是坚持理论先导，坚持演绎，不相信归纳。比如发现 p 值是 0.001，意味着放弃零假设犯弃真错误的概率只有千分之一，那就必须放弃零假设。最近几年，不少专家推荐使用 RMSEA（Root Mean Square Error of Approximation）。不过，这个指标有三个标准，最宽松是不大于 0.1，中间的是不大于 0.08，最严格是不大于 0.06。

社会科学界不能这么奢侈，早就妥协，普遍采用"渐进拟合"（incremental fit indices）。先坚持理论先行，构建模型，然后看它是否符合数据，不符合，就转向，从坚持理论优先转到实事求是，以数据为中心，假定收集到的数据比想出来的模型更接近总体参数，然后修改模型。社会科学研究中的结构方程模型，几乎没有一个可以通过绝对拟合检验。但是，在社会科学研究中，放弃了无法通过绝对拟合检验的零假设，并不意味着放弃模型，因为可以采取变通方法，使用渐进拟合检验。如果 p 值接近 0.001，模型一定能通过渐进拟合检验。

渐进拟合指数很多，专家争论也很多。使用渐进拟合指数时，最好参照目标刊物最新的文章。我常用的是比较拟合度指数，CFI（Comparative Fit Index），一般认为应该大于 0.95。有些作者为了适应 p 值的思维方式，报 CFI 时绕个弯子，写成 1-CFI。还有一个指标是 TLI（Tucker-Lewis Index），一般认为应该大于 0.90。

二、修改模型时要抗拒诱惑

结构方程建模，零假设是做出的模型跟数据天衣无缝，所以，我们做关于这个零假设的卡方检验时，满心希望看到大自由度与小卡方值的组合。也就是说，我们希望自由度越大越好，卡方值越小越好。这也有点像做衣服，最合身的衣服是最简单的衣服，最简单的衣服既合身，又让身体有最大的自由度。自由度，指的是模型自由估计总体参数的自由度。模型提供的信息点越多，模型的自由度越大；模型对信息点之间关系做的规定越多，模型的自由度越小。

真正的困难是精心构建的模型连渐进拟合检验也通不过。这个时候，就要从精心构建转到苦心修改。衣服不完全合身，那就修改。幸好，结构方程建模的软件都提供修改指数（modification index），默认值是 4。换言之，修改指数有个基准线或分水岭，分水岭是 4。这个默认修改指数的意思是，如果做一项修改，卡方值减小 4 或更多，就值得考虑。相反，如果做一项修改，卡方值减小幅度不到 4，那就不值得考虑。

理解这个默认值的设置，需要调整习以为常的卡方值检验思维方式。关键是，这里的零假设的内容特殊，是假定模型与数据完全合身，我们不希望放弃它。为了理清思路，我们分三步走。

第一步，复习对卡方值与自由度的理解。分析雇员数据时，我们做卡方检验，检验是否少数族裔与是否经理是否显著相关。这里的零假设是：这两个变量之间没有系统的关系。作为研究者（民权律师），我们希望放弃这个零假设，同时又不希望冒超过一定限度的犯一类错误的风险。这时，我们期望 p 值越小越好，p 值越小，卡方值随机发生的概率越小，我们希望这个概率等于或小于 0.05，然后反戈一击，说根据零假设做出了高度不准确的预测。由于 p 值由卡方值和自由度决定，我们也可以把这个期望分为两个。第一个期望是卡方值越大越好，这是因为，在自由度确定的情况下（给定自由度），卡方值越大，随机发生的概率越小。卡方值越大，意味着预期值与观察值的差距越大，预期值是根据零假设做出来的，预期越不准确，放弃零假设时犯弃真错误的概率越小。第二个期望是自由度越小越好。同样一个卡方值，随机发生的概率与自由度成正比，自由度越大，该卡方值随机发生的概率越大；相反，自由度越小，该卡方值随机发生的概率越小。例如，卡方值是4，自由度=1，随机发生的 $p=0.046$；自由度=2，随机发生的 $p=0.135$；自由度=3，随机发生的 $p=0.262$。总而言之，我们希望放弃零假设，就希望 p 值越小越好，因而希望卡方值越大越好，自由度越小越好。

第二步，做结构方程建模，卡方值测量的是模型与数据之间的差距，是衡量模型是否合身的尺度。作为模型构建者，我们不希望有信心放弃零假设，恰恰相反，我们希望犯一类错误的风险越大越好，最好是等于或大于0.05。做卡方检验的目标完全颠倒了，盘算卡方值与自由度时的利害计算随之完全颠倒，作为工具的卡方值与自由度的意义也完全颠倒。这时，零假设是：模型与数据没有差距，误差为0，换言之，衣服完全合身。卡方值测量的是模型与数据的差距，自由度是模型自由估计身材状况（总体参数）的自由度。作为模型构建者（裁缝），我们不希望放弃零假设。这时，我们期望 p 值越大越好，p 值越大，等于或大于0.05，我们就可以理直气壮地说，如果放弃零假设，犯一类错误的风险就超过了我们能容忍的限度，所以我们决定接受零假设，也就是认为我们的模型与数据足够合身。由于 p 值由卡方值和自由度决定，我们也可以把这个期望分为两个。第一个期望是卡方值越小越好，这是因为，在自由度确定的情况下（给定自由度），卡方值越小，随机发生的概率越大。卡方值小，意味着模型与数据之间的差距小，小误差随机发生的概率大，这意味着模型与数据之间的差距不是由于模型欠妥，而是因为随机因素。第二个期望是自由度越大越好。同样一个卡方值，随机发生的概率与自由度成正比，自由度越大，该卡方值随机发生的概率越大；相反，自由度越小，该卡方值随机发生的概率越小。我们承认模型不完美，与数据可能有差距，但我们希望这差距是随机出现的，而不是因为模型不妥当。总而言之，我们希望不放弃零假设，于是希望 p 值越大越好，因而希望卡方值越小越好，自由度越大越好。

第三步，根据第二步的盘算，我们修改模型时，目标是让自由度尽可能大，卡方值尽可能小。修改模型要给模型加线，加线就是增加束缚，多一条线，衣服的自由度就减一个，相当于衣服多了个东西，对身体多了个束缚。牺牲一个自由度，是支出，一定要有足够大的收益才划算。与自由度相关的是卡方值，所以，牺牲掉一个自由度，一定要在卡方值上有相应的收益。收益就是，卡方值减小的幅度不是随机发生的，而是标志着模型发生了非随机的改进。前面说过，自由度等于 1，卡方值随机为 4 的概率小于 5%。我们以 5% 为基准，决定：牺牲模型一个自由度，换取模型的卡方值减少 4，才值得。如果牺牲一个自由度，卡方值减少超过4，就是有收益，超过4越多，收益越大，越值得修改。相反，牺牲一个自由度，卡方值减少不足4，就得不偿失，不值得做。

不过，修改模型固然要参考"修改指数"，但必须动脑子。任何修改，都得言之成理。比如，改衬衣，把过长的袖子截短，是合适的做法。但为了改善拟合优度，硬加一条腰带，就不一定合适，因为这样做固然可以掩盖衬衣太肥大的缺点，但做出的模型已经不是典型的衬衣了。为了追求拟合优度而乱画线，就不是分析数据，而是成了数据和软件的奴隶。做到这一点，需要理论定力，更需要学术良知。

另外，修改模型要按部就班，不可冒进。统计软件会输出很多修改指数，不要一下子把看起来值得做的修改都做完。一步一步做，先挑修改后改进幅度最大的地方改。就像修改衣服，某一个地方修改一下合身度提高最大，就先改那个地方，然后再看修改后的模型的合身度。

三、遇到 Heywood 现象要勇于妥协

结构方程建模，如果测量模型中潜变量与一个显变量的标准化回归系数（注意是标准化的回归系数）大于1，或者误差项的方差是负数，叫作 Heywood case，是异常现象，说明模型不成立。出现这个问题，有时是因为出借量纲的那个显变量与潜变量的相关系数不是最高的，这时可以改选最高的那个显变量作为出借量纲的变量。还有个办法是把方差定义为0或极小的正数（例如0.0001），就可以回避问题。当然，这样人为界定方差

需要说明理由，比如，有理论根据认为某个显变量是潜变量最忠实的代表，潜变量的变化完美决定该显变量的变化，没有其他因素影响显变量的变化，就可以把该显变量的误差项界定为 0 或极小。有些结构方程建模软件，比如 EQS，不会出现 Heywood case，因为程序设计者让程序默认方差不能小于 0。

四、报告分析结果不妨照猫画虎

结构方程建模头绪很多，输出的结果十分复杂，写文章时必须有所取舍。写学术论文，内容讲究创新，方法讲究精致，表述讲究简明，要做到均衡，是个不小的挑战。采用新研究方法，报告分析结果更需要小心谨慎。不妨看看目标刊物已经发表的采用结构方程建模的论文，照猫画虎。做结构方程建模，操作比较繁琐，学习和使用时需要耐心。"让每个文科生都成为统计高手"中有两节视频课，介绍 Amos 的基本操作。

小结

结构方程建模是分析工具，比回归分析精密，不过，工具终归是工具，不能替代思考和分析。我在学术论文中见过花里胡哨的结构方程模型，往往看不懂，很容易失去耐心。社会科学研究，没什么高深的道理，所以，我看不懂，就不免疑心作者是耍花招。不管使用多么精致的分析手段，都应该记住钱锺书先生对学术界不良时髦的警告："不仅欲以显微镜、望远镜佐近视眼之目力,而径以显微镜、望远镜能使瞎眼者见物,以繁琐冒充精细……世间一切好方法无不为人滥用,喧宾夺主,婢学夫人。"(吴学昭:《听杨绛谈往事》,第318-319页)

第八章
三角定位方法的三种含义

三角定位方法中的三角有特殊含义。大作家汪曾祺先生是个很有趣的人。有趣的人,眼里看到的东西都是有趣的,无趣的东西看不见,看见了也记不住。汪先生回忆在西南联大读书,写过一篇很生动的散文,叫《跑警报》,提到一个细节。有次跑警报,他到了一个躲炸弹的猫耳洞,看到洞内有一副石子镶嵌的对联:人生几何,恋爱三角。这是有特殊意义的三角。我讲的三角定位是个人文社会科学研究方法。

我分三节讲。第一节讲三角定位的原本含义及其在人文社会科学领域衍生出来的两种意思,第二节讲应用一种特殊的三角定位方法,第三节谈谈三角定位方法的优越性。我讲的这个特定的三角定位方法,教科书里没有,是我自己琢磨出来的。我最近写一篇文章,觉得数据很难处理,后来终于想通了,这需要把话语分析、思想实验和多元回归拼在一起。为了拔拔高,我把这个拼凑的方法叫作三角定位。

第八章 三角定位方法的三种含义

第一节 三角定位

三角定位,英文是 triangulation,原本是航海与大地测量学用的概念。理解这个概念,最方便的方式是想想怎样确定一架飞行中的飞机的准确位置。我们需要有三个参照点:一是以海平面为参照点测飞机的高度;二是以格林尼治线为参照点测它的经度,东经或西经多少度、多少分、多少秒;三是以赤道为参照点测它的维度,北纬或南纬多少度、多少分、多少秒。以这三个点为参照,画出三条边,就能准确判断飞机的位置。

三角定位这个词移植人文社会科学领域后,被赋予两种衍生的意思。一个是资料意义上的三角定位,指的是研究问题时使用多种资料互为佐证。这时的"三"相当于"多",三人成众,事不过三,"三"指的就是多。中国人民大学 2018 年 10 月举办过一次方法论讨论会,一位美国教授讲历史学中的三角定位,说的就是资料意义上的。他举的例子是,研究第二次世界大战中日本空袭珍珠港,既要用历史档案,又要看证人的记录,还要看当事人的日记。这三种资料往往不一致,如果偏信一种,就会产生严重的误判。研究中国历史也是如此,既要看正史,也要看"野史",还要看考古资料。如果多方面的资料互相确证,历史学家对一个事件就有比较准确的判断。这是资料意义上的三角定位。

在社会科学方法论中，三角定位还被赋予另一个衍生意义，指的是采用不同的研究方法。比如说，既用定性方法，也用定量方法，还用形式化建模（formal modeling），也就是博弈论。例如，前几年研究权利意识和规则意识，有学者做话语分析，有学者根据问卷调查做量化分析，还有学者用形式化建模，构建博弈模型。这是不同学者使用不同方法，各自贡献一个视角，汇聚在一起，就是三角定位。也有个别学者是方法论多面手，同时使用三种甚至多种方法，那是独自做三角定位，难度很高。三角定位与混合方法有相通之处，不过混合方法往往局限于定性与定量相结合。

第二节　例解一种三角定位方法

我讲的例子是虚拟的研究。假设有个书店老板，叫孔乙己。孔乙己是鲁迅先生笔下的人物，大家都知道。孔乙己老板承诺仅卖正版书。我们想知道他的学生、亲戚、朋友对他这个承诺有多大的信心。可是，我们不属于人家的圈子，不能直接问。我们中国人讲究内外有别，自己圈子里，说什么都行，但一般不对圈外人说圈内人的坏话，尤其是不说圈子中的某个人在某个问题上的动机不可信。有时，我们也对某人表示怀疑，但一般只说此人能力不行。即使我们怀疑他的人品，往往也只委婉地怀疑他的能力。比如，我们会说，某人心有余而力不足，但

第八章 三角定位方法的三种含义

一般不说某人力有余而心不足,因为这样说相当于怀疑他的人品。可是,我们很想了解孔乙己的学生、亲戚、朋友在多大程度上相信他仅卖正版书的承诺。假设高明的学者设计了巧妙的问题,慷慨分享了问卷和调查数据,不过没解释研究思路,那么三角定位是重构研究思路的有效方法,可以分三步走。

一、文本分析

第一步,对问卷做文本分析,深度阅读,把问卷中问题背后的意思分析出来。习惯做量化分析的学者,一般不强调对问卷做文本分析,认为问卷里的问题必定(其实是必须)清晰明白,没有歧义。但是,实际上不这么简单。问卷的每个问题、每个概念都是定性研究的成果。例如,分析社会学调查问卷,会回溯到社会学基本理论和基本概念。理论看似神秘,其实不神秘。考虑一件事情,不是专注这件事情的独特性和特殊性,而是考虑这件事所属的种类,就是理论思考。专注具体的特性,就是案例分析。社会学调查会问收入,收入是理论问题,收入是个概念。收入并不简单意味着每个月有多少金钱收入以及其他收入。对收入的衡量总是相对于消费,相对于社会地位。所以,问卷体现了设计者的研究思路,设计问卷就是做研究。自己设计问卷,把想法记录下来,问卷设计完了,论文就写了五分之一。使用其他学者分享的数据,可以看到编码表,但是无法知道设计者到底为什么问这些问题、为什么这样问而不用其他方式问。这时,我们要把这些学者设计问卷的研究思路重新构建出来。重构过程不仅是再创造,还可能是创造,有时还可能发现问卷设计者未必自觉清晰地意识到的信息。

设想在问卷里看到这样一个问题:"如果孔乙己严肃认真地想仅卖正版书,您认为他有多大的能力仅卖正版书?"供选择的答案是:(1)完全没能力,(2)没什么能力,(3)有些能力,(4)有完全足够的能力。表面看,这个问题测量应答者对孔乙己卖正版书的能力的估计或信心。认为他完全没能力,是表示不信任他的能力;认为他有完全足够的能力,表示对他的能力信心很高。可是,仔细阅读,发现问题里有个假设:"如果孔乙己严肃认真地想仅卖正版书。"这个设问相当于让应答者先做个假定,即设想孔乙己严肃认真地想仅卖正版书,假定他对承诺严肃认真。在接受这个假定的前提下,应答者估计孔乙己有多大的能力兑现他的承诺。所以,这个问题表面测量应答者对孔乙己卖正版书能力的信心,实际测量对孔乙己能力的条件信任,或对他能力的期待。说他很有能力,是个期待,期待的前提是他严肃认真,相当于说,如果他严肃认真,他就很有能力,他就能表现出很强的能力。同样,说他没有能力,也是个期待,相当于说,即使他对仅卖正版书的承诺严肃认真,他也没有能力做到仅卖正版书,比如他没有识别盗版书的眼力。

这里有一点值得注意。做定性研究,我们想到严肃认真,会把它当作一个概念,想办法定义什么是严肃认真,也可能做操作化定义,找一些指标,说符合这些指标就是严肃认真。做量化分析,看到严肃认真,我们固然要想到它是个概念,更重要的是想到它是一个变量的一种状态。具体说,严肃认真是一

第八章 三角定位方法的三种含义

个连续量表上的中间点,这个连续量表叫作态度量表或承诺量表,中间点是严肃认真,中间点的左边是不大严肃认真,再往左是完全不严肃认真,中间点的右边是很严肃认真,再往右是极严肃认真。

这样,我们就看清了,上述问题测量的是应答者对孔乙己卖正版书能力的条件信任或期待,期待的前提是他严肃认真对待自己仅卖正版书的承诺,恰好严肃认真,既不是不大严肃认真,也不是很严肃认真,既不是极不严肃认真,也不是极严肃认真。得到了应答者对这个问题的回答,我们获得了应答人提供的两个信息:一个信息是他们假定孔乙己对自己仅卖正版书的承诺严肃认真,不多也不少;另一个信息是他们在这个前提下对孔乙己仅卖正版书的能力做出的估计或表达的信心。我们有了两个指标,相当于画三角形有了两条边,如果能获得第三个指标,就能画出三角形,判断应答者对于孔乙己仅卖正版书承诺的信任度。

这第三条边或第三个信息点,是应答者根据对孔乙己书店的观察,对他仅卖正版书的能力做出的估计或产生的信任。第三条边是这样测量的:"请问您,孔乙己书店中的盗版书是不是普遍?"有四个供选择的答案:(1)几乎都是盗版,(2)盗版相当普遍,(3)没有多少盗版,(4)完全没有盗版。这个问题测量的是应答者对孔乙己实际表现出来的仅卖正版书的能力的估计或信任。这样说的理由是,孔乙己是书店的唯一老板,没有副手,他对书店有没有盗版书负完全责任。另外,孔乙己不依赖读者帮忙鉴别盗版书。考虑到上述两个情况,如果应答者说孔乙己的书店有盗版书,就相当于表示发现他没有完全足够的仅卖正版书的能力。如果应答者说孔乙己的书店有很多盗版书,就相当于表示发现他仅卖正版书的能力很差。这个问题,表面上看是测量应答者对书店盗版书情况的观察,实际是测量对孔乙己实际发挥的仅卖正版书的能力的估计。

不过,这时我们仍然不清楚应答者对孔乙己仅卖正版书的承诺的信任程度。原因是,他的书店里有盗版书,固然可能是由于他能力不足,但也可能是因为他对自己仅卖正版书的承诺不严肃认真。前面,应答者已经顺应问卷设计者的要求,假定孔乙己严肃认真。但这毕竟是个假定,他们做了这个假定,并在这假定的基础上对孔乙己的能力做估计。但他们是不是真心接受这个假定,如果不接受,他们究竟怎样评价孔乙己对仅卖正版书的承诺的认真程度,我们不知道。为了推测应答者是否接受孔乙己严肃认真这个假定,进而推测如果他们不接受,他们究竟怎样看待孔乙己是否严肃认真地对待他的承诺。我们可以构建一个指标,间接测量应答者对孔乙己仅卖正版书承诺或动机的信心。

构建方式是,先把应答者对孔乙己能力的条件信任或期待标准化,再把应答者对孔乙己实际表现出的能力的观察标准化,然后用应答者对能力的观察的标准值减去对这位应答者对能力的期待的标准值。取标准值是为了避免歧义。例如,一个应答者说孔乙己书店里完全没有盗版书,这相当于给他的能力打了

第八章 三角定位方法的三种含义

满分，4分。然而，这位应答者在假设孔乙己严肃认真仅卖正版书的基础上估计他的能力，打了3分，两个估计之间的差距是4-3=1；另一个应答者，根据对孔乙己书店的观察估计他的能力，给了3分，这位应答者在假设孔乙己严肃认真的基础上估计他的能力时，给了2分，两个估计之间的差距是3-2=1。但是，这两个1分的意思可能不同，因为这两人对孔乙己仅卖正版书的动机的信任度可能不同。前者可能发现孔乙己不是严肃认真，而是极严肃认真，后者可能也认为孔乙己不是严肃认真，但认为他很严肃认真。

我们可以把用观察的能力减去预期的能力得到的指标叫作信任差。逻辑上有三种信任差。第一，信任差是零，观察与预期没有差距，含义是应答者认为孔乙己严肃认真，不多也不少。换言之，应答者根据观察书店状况对孔乙己能力的估计等于对他能力的预期，这表示应答者接受预设，即孔乙己严肃认真。

第二，信任差是正数，观察到的能力超过了预期的能力，含义是孔乙己对自己仅卖正版书的承诺超过严肃认真，比如是非常严肃认真，甚至是极严肃认真。换言之，应答者根据观察书店状况对孔乙己能力的估计高于对他能力的预期，这表示应答者不接受预设，同时，意味着应答者认为孔乙己不是严肃认真，而是非常严肃认真或极严肃认真。

第三，信任差是负数，含义是孔乙己并非不多不少正好严肃认真，可能是不够严肃认真，也可能是极不严肃认真。换言之，应答者根据观察书店状况对孔乙己能力的估计低于他们对预期能力的估计，这表示应答者不接受预设，同时，也意味着应答者认为孔乙己不是严肃认真，而是不大严肃认真或极不严肃认真。

有些信任差绝对值很小，可能是随机的测量误差。为了避免夸大它们的意义，我们可以把信任差分为三类，比如小于-0.67，算一类；介于-0.67至0.67之间算第二类；大于0.67算第三类。根据正态分布，我们知道，平均标准误差是零，左右走0.67个标准误，涵括了50%的误差。一个误差出现的概率接近50%，我们认为它是随机的。随机发生一个误差的概率小于50%，我们认为它可能有点意思，一个误差随机发生的概率越小，越有意思，因为导致它发生的越可能是系统因素。对信任差分类，还可以采取更细的标准，比如划界标准用1.65、1.96或2.57。划分标准不同，但基本概念相同。基本概念就是：信任差是个连续体，是个连续变量，测量的是对孔乙己卖正版书动机的信任。

二、思想实验

信任差是不是真能反映对孔乙己仅卖正版书承诺或动机的信心呢？我们要用其他指标来佐证。这时，就用到了第二个方法，即思想实验。我们在问卷里寻找可以佐证信任差含义的问题，如果找到一个问题，它测量的是应答者对人的动机的信任，就可以做如下推断：如果信任差测量的是对动机的信任，就可以预期应答者对人的信任与对孔乙己的信任差有显著正相关。如果数据分析显示确实如此，我们就更有信心认为，信任差折射的是应答者对孔乙己动机的信任。

问卷里有这么个问题:"您心目中理想的人际关系应该是什么样子?在下面两个说法中,您更同意哪一种说法?""(1)人与人之间应该彼此信任;(2)防人之心不可无。"应答人选择后,追问:"您是很同意还是同意这个说法?"这两个命题是逻辑上的反命题,同意一个相当于不同意另一个,很同意一个相当于很不同意另一个。这样,四种答案构成一个定序变量,测量对人的信任。以"人与人之间应该彼此信任"为指标,信任度由低到高,分别表现为:(1)很不同意,(2)不同意,(3)同意,(4)很同意。

我们从小受到的教育是,防人之心不可无,前面还有一句,害人之心不可有。这说明,我们讲人与人的信任,强调的是对人心的信任,也就是对一个人行为动机的信任,并非强调对他行为能力的信任。当然我们也看重能力,有的人是没有能力的老好人,很多事情不能委托他做,因为即使他全心全意想搞好,也会搞砸。

有了人际信任这个参照指标,就可以用它佐证信任差的意义。具体做法是,用人际信任为自变量,以信任差为因变量,看二者是否显著相关。我们的期待是:二者显著正相关。如果确实正相关,说明二者测量的东西很可能相同。但是,这里要做个简单的思想实验,论证为什么以人际信任为自变量,以信任差为因变量。这样做的理由是,人际信任在逻辑上先于对孔乙己卖正版书动机的信任,也就是先于信任差。人际信任与信任差是在同一个问卷调查得到的截面数据中获得的，无法在时间意义上区分它们的先后，但我们可以判断人际信任逻辑上在先，对孔乙己的动机的信任在后。

逻辑上在先是黑格尔的说法，他认为世界上发生的事有历史意义的在先，还有逻辑意义上的在先。黑格尔的学生马克思写《资本论》时借用了这个区别。从历史角度看，商品、交换过程、货币、价值、剩余价值是同时发生的。但是，在逻辑上，商品在先。梅林的《马克思传》说，马克思写作《资本论》时，一开始找不到逻辑起点，为此专门重读了黑格尔的《逻辑学》，才确定以商品为逻辑起点。马克思在1858年1月14日致恩格斯的信中强调指出，重读黑格尔的《逻辑学》对他制定写作《政治经济学批判》的方法"帮了很大的忙"。我们还可以举个现代政治学的例子，说明什么是逻辑在先。在政治信任的研究中，有个文化主义学派，主张文化价值观念的变化会影响对政府的信任。例如，有些学者认为，后物质主义价值观在欧洲工业化国家的兴起导致了批判型公民的出现，批判型公民的特点是不信任政府。在历史意义上，文化变迁与政府信任变迁是同步的，但逻辑上，可以认为文化价值变迁在先。

具体点说，做思想实验判断两个变量的逻辑先后，其实就是设计一个具体环境，比较两种说法，看哪一个言之成理，哪一个似是而非。比如，设想在特定社会环境下，说A是原因，B是结果，A如此这般影响B，专家学者会觉得言之成理。反过来，说B是原因，A是结果，说B如此这般影响A，专家学者会觉得似是而非。前一个说法符合我们逻辑在先的观念,后者不符合。逻辑先后,归根结底是个主观判断,或者说是个主观际判断(intersubjective judgment),是专家学者之间的共识。

逻辑在先有时也以历史在先为根据。普遍意义上的人际信任,历史意义上也先于对孔乙己仅卖正版书承诺的信任。我们先形成普遍意义的人际信任,后形成对孔乙己的信任。我们小时候跟小朋友一起玩,长大一点跟同学相处,直接影响我们的人际信任。小时候形成的人际信任会影响成年后对他人的信任,包括对孔乙己的信任。当然,对孔乙己的信任也反作用于普遍意义的人际信任,不过,对个人的信任反作用于普遍的信任,涉及许多个人,不是仅仅涉及孔乙己,而少年时代形成的人际信任影响的不仅仅是对孔乙己的信任,还影响对其他人的信任。

思想实验是个有用的研究工具。问卷里经常有态度变量,测量价值取向或信念。写论文时,如果把截面数据里的一个态度变量作因变量,另一个作自变量,评审会说有内生性问题,是用态度预测态度,无法确定因果关系。有些学者用工具变量解决这个问题。一位经济学家说,找工具变量凭运气,很多情况下,找到的工具变量似是而非,信则是,不信则不是。可见,衡量工具变量是否合适,最终依靠的也是逻辑在先,是专家的主观际判断。找不到合适的工具变量,就做个思想实验,判断两个变量哪个逻辑上在先,哪个在后,也是个决定哪个为自变量、哪个为因变量的方法,至少胜于不做任何说明,武断地认定一个态度是因变量,另一个是自变量。

三、多元回归

我讲的三角定位，第三步是用多元回归确认变量之间相关的意义。我们不做因果关系的推断，只用多元回归确认相关系数的涵义。很多因素可能既影响人际信任，也影响对孔乙己卖正版书承诺的信任，控制了这些因素，能更有把握地判断人际信任与对孔乙己的信任有系统的关系。如果人际信任与对孔乙己的信任差显著正相关，就可以推断二者测量的很可能都是对动机的信任。这一步是常规的多元回归分析，不需要多加解释。

第三节 三角定位方法的可取之处

三角定位提供了一个视角，这视角有两个内容。一个内容是肯定世界可以认识，我们可以接近真理。另一个内容是承认任何方法都有局限性，用多种方法可以减少局限性。三角定位是个大类，学者根据各自的课题、掌握的素材、具备的方法训练，可以设计出各种各样的三角定位方法。我介绍的只是我琢磨的一种。

三角定位方法，有时是锦上添花，精益求精；有时是雪中送炭，是唯一的选择。一句话，使用三角定位方法的必要性取决于研究环境。谁都知道走直路最省劲，不走直路，有的时候是因为没有直路可走。我们不要把研究环境理想化，更不要把自己的研究能力理想化。我对方法论学界推崇的经典有保留，因为那些经典的作者是天才。如果我们不是天才，就要长点心眼。达不到最高境界，就不要勉强追求最高境界，否则在学术界很难生存。好在学术界是个完整的生态系统，并不苛求每个学者都是天才。借用鲁迅先生的话说，学术界需要天才，也需要有利于天才成长的土壤。

所有的研究方法都是工具，我们做事离不开工具，但并不需要掌握所有的工具。如果想把所有方法都搞明白，就只能当方法论教师；如果想把一种研究方法研究透，就只能当方法论学者。两种情况下，都没有时间和精力做社会科学研究。我讲三角定位方法，是提个建议。做课题，顺着一条路走，觉得走不通，可以换一条路，从另外一个方向走一走。用不同的方法分析同一个问题，用不同的资料，从不同的角度分析，也许就能把问题想清楚。不要固守一种方法，脑筋灵活点。学术界并不要求我们只做单打一的东西。学者之间的竞争，比的不是技术，不是数学，不是统计知识，而是到底怎样想问题。有的时候，我看定量研究论文，很失望，觉得聪明人写了精致文章，但观点似是而非，有些关于中国的量化研究，只有对中国一窍不通的人能做出来。如果真不懂还有情可原，如果是为了发表而假装不懂就不值得了。

小结

不管是在资料意义还是在方法意义上，三角定位都提醒我们做研究时不偏信偏听,要广开思路,不偏信某一种资料,也不偏信某一种方法,使用不同的资料,沿着不同的路径,从多方面、多层次、多角度接近事实的真相。三角定位方法的优点是打破不同研究方法之间的壁垒。做研究不要胶柱鼓瑟。在学术界谋生存,谋发展,归根结底还是要看自己的比较优势。如果我们对方法有兴趣,就去当方法论学者。如果只是用方法,就不要被方法吓住。有些讲方法论的人,故意把很多东西说得很神奇。我有时想,既然你会这么神奇的方法,怎么没做出像样的研究呢?我对方法采取实用主义态度。觉得有用的,我认真学;觉得暂时用不到的,知道就行了。对待我介绍的三角定位方法,也应该采取实用主义态度。

(本章根据 2018 年 12 月 15 日晚在"学术志"组织的直播课讲稿整理,感谢宋义平先生的邀请。)

第九章
关于研究方法的只言片语

本章收集的是我在微信公众号"在学术界谋生存"和微信群"戏说统计""也戏说统计"中讲的一些想法。我没什么高深见解,但既然有朋友提出了相关的问题,我相信他们特别善于思考也特别善于表达,应该还有不少人有相似的疑问。这些只言片语不成系统,我简单罗列在此,共三十三节。

第一节 树立方法意识

掌握研究方法,固然要学很多技术,但最重要的是培养方法意识。方法意识有三个要点。首先是意识到做事有门道、有窍门、有捷径、可以事半功倍,这是正面看。负面看,就是意识到有些做事方法是歧路、是傻功夫、是舍近求远、可能事倍功半。其次是意识到每个人有自己独特的方法,没有普遍适用的方法。最后一点最重要,就是为了找到最适合自己的方法,要自觉地把自己一分为二,一个自己做事,另一个自己观察并分析如何做得更有效、更好。同时,比较自己的做法与他人的做法，评估不同做法的效果。棋圣聂卫平小时候学棋，师父过惕生先生教导他：棋是两个人下。树立"棋是两个人下"的意识，就是树立了"围棋意识"，不树立这个意识，不可能成为围棋高手。同样，树立了研究是自己一分为二在做的意识，就是树立了研究方法意识，就可以把研究做好。

第二节 如何回应对案例研究的诘难

案例研究，就是近距离、深入详细考察一个事物或事件以及相关的环境。案例可以是特定时间、地点、环境中的个人、组织、事件或行动。案例研究可以是单案例研究，也可以是比较案例研究。案例研究方法包括实地观察、参与观察、深度访谈、话语分析、制度分析。有些学者喜欢质疑案例研究的典型性或代表性。对这个诘难，我建议这样回应：发现一只大熊猫，意义是从无到有，即使只得到一张皮也很重要，不必考虑是否典型或是否有代表性。也可以这样回应：研究一只发生基因突变的果蝇，比研究千千万万正常果蝇更重要。学术会议中，问这类问题的，多数是抖机灵，做个案研究的不要被他们唬住，应该客客气气地反问一句：您的小孩刚学会说话时，您是更关心"孩子说的是什么"，还是更关心"孩子说了多少个字"？关于案例研究，真正有意义的诘难是：这是什么的案例？(Of what is this a case?)

第三节　设计问卷就是把课题设计操作化

设计问卷,就是把课题设计操作化。设计研究,首先得有值得解释的题目,即可以做因变量的问题。没有这样的题目,就如人没有脊梁,站不起来。自己设计问卷,一定先想清楚要测量的究竟是什么,然后设法想出有效可靠的测量指标。社会科学研究,测量是短板,而统计分析假定测量精准。为了补短,我们经常求助于多指标测量,希望多个指标聚合成的潜在标尺更准确。

测量因变量的指标,可以问实然,可以问应然。问应然的问题,可以测量绝对价值,可以测量相对价值。可以只正面问,只反面问,正反两面都问。可以二选一,分优先次序。应然的问题,得到的答案,可能是固有的,可能本来没有,是被激发的。可以提供场景。可以集中问。分散问得到的答案更可能是被激发的临时反应,而不是深思熟虑的。但集中问的缺点是比较容易被应答者猜出意图,从而作伪。测量自变量的指标,同理。

设计问卷就是设计课题,无论如何都不可能完美,但前期投入越多,后期遗憾越少。使用其他学者做的数据,要重新构建他们的研究设计和思路,否则很难把握他们设计的诸多问题究竟测量什么。在这个过程中,有可能实现创造性的重构,即发现原设计者没有清晰意识到的信息。

第四节　学量化方法很像学一门外语

　　学量化方法，很像学一门外语。要掌握基本词汇，学会语法，才能听懂、看懂。听懂、看懂是最基本的要求。进一步，是能用。相当于把外语从被动的消极的语言变成主动的积极的语言，可以说，可以写。任何语言都是无底洞，要精通，得花费毕生精力。但如果只是应用，特别是消极应用，语言又很容易，只会一点，就能顶大用场。季羡林先生早就注意到了这一点，他说，有个驻德国的中国外交官，只会一个德语词，das（意思是"这个"或"那个"），就能指挥仆人开窗关窗。

　　外语如此，统计方法也如此。想当统计专家，数学必须好，还要花一辈子的时间和精力。但如果满足于当合格的用户，数学不强，可以用哲学、逻辑、日常语言理解量化方法体现的思维方式。如果确实需要使用量化方法，而且确实没有时间和精力学足够多的数学，把量化方法当成一种思维方式，当成一门外语，也行得通。用数学语言能精确描述的，用哲学语言、日常语言也能说清楚。

　　学外语不能靠简单积累知识碎片，背单词不如记例句，记例句不如背课文。同样，学量化方法，基本学习单位不是术语，而是概念。例如，概率思维的起点不是"正态分布"，而是"万有不齐天地事"。学量化方法不靠记公式,而是靠领悟公式背后的思路。学会一种语言,思维就得到一种新的载体。学会量化方法,就获得一种新的思维方式。套用欧博文教授关于写作论文的高见,可以这样说:量化方法是一种精密的语言,每个词汇都不那么难懂,但是,善用这种语言,需要记住每个词的意思,又能把每个词放在一个句子里应该出现的位置,把每个句子放在一段话里边应该出现的位置,把每段话放在一篇文章里边应该出现的位置。

第五节 分析单位与测量单位

分析单位(unit of analysis)指的是一个课题中的研究对象的基本单位。比如,同样是研究一个从中国人当中抽出的样本,分析单位可以是"中国公民",可以是"中国公务员",可以是"中国大学教师"。"单位"这个词含义太丰富,如果译成"分析单元"可能就容易理解了。

测量单位(unit of measurement)指用什么度量衡测量变量的变化或变异。例如,测量重量,可以用公斤、市斤,市斤还有十两秤与十六两秤。测量概率,测量单位可以是发生比,还可以用发生比的自然对数。弄清测量单位,对于理解回归系数至关重要。不清楚"测量单位"是什么,就不能准确理解"一个单位的变化"(a unit of change)指的是什么。

第六节　统计分析是猜测的艺术

谦虚的统计学家发明了一个词，guestimate，把 guess（猜测）与 estimate（估计）合二为一。他们认为，统计分析是猜测的艺术（statistical analysis is an art of guestimating）。与他人打交道，时时刻刻必须猜测。既然猜测是必要的生存手段，善于猜测就是一大优势。即使不做统计分析，也不妨以猜测雇员的年薪为例，体会一下猜测如何从不着边际到有根有据，锻炼猜测能力，提高猜测艺术。告诉某人有个大公司，不提供任何其他信息，让他猜某个雇员的年薪，他只能胡猜乱猜，野猜（wild guess）。借助统计分析，可以把野猜变成文猜（educated guess），进而变成精致的猜（sophisticated guess）。

这个转变过程有三步。第一步，按照抽样程序从雇员总体中抽取一个概率样本，算出样本中雇员的最低年薪与最高年薪，猜测就如野马进了围栏。给某人提供这些信息，让他猜公司某个员工的年薪，如果他的猜测低于样本的最低年薪或者高于样本的最高年薪，说明他更适合当天马行空的艺术家。

第二步，分析样本数据，得知年薪的分布大致是正态分布，算出平均年薪与标准差，猜测就如野马带上了笼头。给某人提供这些信息，让他猜公司某个员工的年薪，如果他不是每次都以平均年薪为答案，说明他更适合当投机取巧的股神。

第三步，做多元最小二乘回归。检验每个自变量的显著度，决定是否该把这股绳编入缰绳；检验回归模型的显著度，判断鞍鞯是否牢靠；检验模型是否有严重的共线性问题，避免自变量发生严重内讧。缰绳鞍鞯配备齐全，野马就成了战马，能协助骑士建功立业。给某人提供了这些信息，让他猜公司某个员工的年薪，如果他不按照截距、各个显著自变量的偏回归系数和该员工在各个显著自变量的分值进行计算，说明他创意太强。

第七节　为什么计算标准值

简单说，计算标准值就是采用标准差作为统一的量纲。量纲就是测量尺度，例如测重量用的千克、测距离用的千米。量纲有很多种，测重量，除了千克，还可以用市斤，市斤还有十六两秤与十两秤。测量变量的变异，有很多测量单位，相当于很多量纲。例如，同样是测量年龄，可以采用的量纲有好几种，可以用人生阶段，例如幼、童、少、青、中、壮、老；可以用年龄段，例如 1-10 岁、11-20 岁、21-30 岁等；可以用年、月、天。这些不同的量纲测出的结果无法直接比较，标准化相当于秦始皇统一度量衡，让这些测量结果变得可以直接比较。例如，衡量学生成绩可以采用的量纲就很多，可以两分为及格、不及格，可以四分为优良中差，可以用从 A+、A、A-，一直到 F 的字母成绩（letter grade），可以用百分制。成绩终归是相对的，如果不同的学校采用不同的量纲,要比较学生之间的相对距离,就要把成绩标准化。当然,标准化的前提是假定学生成绩正态分布,更准确点说,是假定学生成绩测量的那个潜在的"学术能力"正态分布。

第八节　z值、t值与p值

z值和t值都是量纲,也可以称为标杆或标尺,上面的刻度告诉我们的是一个观察值与平均值之间的距离。例如,假设有个衡量中国成年男子身高的t值标尺,用这个标尺量姚明,他的身高是4,意思就是他的身高距离平均身高有4个标准差。

z值与t值的区别是,z值的计算假设总体平均值与标准差是已知的,t值只假定样本的标准差是已知的。当样本量足够大(超过1000)时,z值与t值基本相同。在现实世界中,总体参数往往可望而不可即,所以t值应用得更多。计算z值与t值,是为了把它们当成衡量p值的标尺。p值,是犯一类错误(即放弃一个真的零假设)风险的标尺。换言之,用标准差作为量纲或测量单位(unit of measurement)测量观察值与平均值的距离,仍然是手段,把这些距离再转化成相应的发生概率,就走到了目的地。再换言之,p值是显著度水平,也就是犯一类错误的概率。t值、z值与概率的关系是表里关系:t值、z值是表,概率是里,t值、z值是"概率指标值"。

第九节　关于 p 值

也许是为了炒作，被誉为顶级期刊的 *Political Analysis* 挑起了一场关于 p 值的争论。这争论由来已久，还是让专家们继续讨论下去。作为量化方法的用户，不妨我行我素。p 值说的是，如果零假设成立，获得现有样本的可能性有多大。虽然不能直接证实零假设是真是假，但在反复检验的科学研究过程中，还是能起到一定作用的。p 值有其价值，谨慎对待就好，不用盲目排斥。没有布鞋，更没有皮鞋，为了攀高枝放弃穿了多年的草鞋，恐怕不算明智。

第十节　共线性问题是"严重共线性问题"

最小二乘回归和对数回归都不假定自变量之间彼此完全独立。但是，当一个自变量与另一个或另几个自变量"高度"相关甚至"完美"相关时，回归分析产生的回归系数会被歪曲。统计学家说的"没有共线性"（no collinearity）是个简略说法，完整的说法是"没有严重的共线性"（no serious collinearity）或"没有完全的共线性"（no perfect collinearity）。为了保险起见，用 SPSS 做最小二乘回归时，可以指令它做"collinearity diagnostics"，

SPSS 的默认设置不输出这个检验结果。然后根据学术界关于 Tolerance 和 VIF（Variance Inflation Indicator）"临界线"（thresholds）的约定，判断回归模型是否存在严重的共线性问题。不过，除非简单目测自变量就能发现它们可能高度相关，研究者一般不做这类检验，即使做也很少报告检验结果。

第十一节　稳健的标准误

　　稳健的标准误，英文是 robust standard error，比不加"稳健"这个形容词的标准误大一点。"稳健"的意思如下：回归系数保持不变，标准误增大，得到的 t 值相应减小，p 值相应增大。计算稳健的标准误时，会考虑到回归模型往往不尽合适，比如可能通不过某些检验，或者选用的链接函数不完全恰当。计算稳健标准误的方法很多，各有各的用途，也各有各的争议。

第十二节　单边检验与双边检验

　　单边检验（one-sided test），亦称单尾检验（one-tailed test）。双边检验（two-sided test），亦称双尾检验（two-tailed test）。"尾"和"边"，都是正态分布图的两端。正态分布两端是较小的概率，越靠边，出现的概率越小。检验，就是看标志发生一类错误概率的那个指标值是否出现在两端足够偏远的地方，出现的地方离平均值越远（距离的衡量单位是标准差或标准误），说明这个指标值出现的概率越小，也就是犯一类错误的概率越小。

SPSS 默认的显著度检验是双边检验，就是看正态分布的两端。如果是做单变量分析，例如分析平均值，双边检验的研究假设是：总体参数不是 0，可能是正数，也可能是负数。与此相应，零假设是：总体参数是 0。如果是做双变量分析，双边检验的研究假设是：总体中两个变量之间的关系不是 0，可能是正相关，也可能是负相关。与此相应，零假设是：总体中两个变量之间的关系是 0。如果是做多变量分析，双边检验的研究假设是：控制总体中其他变量之间的关系，总体中这两个变量之间的关系不是 0，可能是正相关，也可能是负相关。双边检验的零假设是：控制总体中其他变量之间的关系，总体中这两个变量之间的关系是 0。

有的时候，做双变量或多变量分析，通不过双边检验，研究者又有很强的理论基础或经验观察相信两个变量之间有一个方向的关系（正相关或负相关），做显著度检验时，可以做单边检验。单边检验的研究假设和零假设有两种。

第一，研究假设：总体中两个变量之间的关系是正相关。零假设：总体中两个变量之间的关系小于 0。如果是做多变量分析，单边检验的研究假设是：控制总体中其他变量之间的关系，总体中两个变量之间的关系是正相关。零假设：控制总体中其他变量之间的关系，总体中两个变量之间的关系小于 0。

第二，研究假设：总体中两个变量之间的关系是负相关。零假设：总体中两个变量之间的关系大于0。如果是做多变量分析，单边检验的研究假设是：控制总体中其他变量之间的关系，总体中两个变量之间的关系是负相关。零假设：控制总体中其他变量之间的关系，总体中两个变量之间的关系大于0。

包括SPSS在内的统计软件默认做双边检验。做单边检验，把统计软件计算的p值除以2即可，但要小心看清相关系数的正负号。做单边检验，研究假设不是简单地假定变量之间有关系，而是明确假定正相关还是负相关。例如，你的研究假设是教育程度与年薪正相关，零假设是相关系数小于0，相关系数是正数，p值等于或小于0.10，就可以在95%水平上放弃零假设。如果研究假设是教育程度与年薪负相关，零假设是相关系数大于0，相关系数是负数，p值等于或小于0.10，就可以在95%水平上放弃零假设。

第十三节 量表的可靠度与有效度

量表的可靠度（reliability）可以用例如Cronbach's alpha之类的指标衡量。顺便说一句，关于alpha值达到多大量表才可靠，方法论专家有不同的看法。在社会科学研究中，0.7比较容易得到接受，0.8以上没有问题，0.6就比较勉强。此外，构建量表用的指标问题越多，指标问题的测量单位越细，alpha值越高。

构建量表，不要一味追求高可靠度，还要追求可解释度，追求理论意义。

量表的有效度（validity）无法用技术手段测量。不要对使用量化技术检验量表的"效度"抱不切实际的想法。效度，不管是"表面效度"（face validity）还是"构建效度"（construct validity），归根结底是主观判断，准确说是主观际判断（intersubjective judgement），由学术共同体决定。效度问题无法用技术手段检测，只能靠理论思辨和经验分析。只能用人脑判断的问题，无法委托给电脑。

第十四节 社会科学研究关于定序变量的约定

最小二乘回归（OLS）要求因变量是连续变量，默认的检验方法是 t 检验。社会科学研究经常把超过 7 个层级的定序变量或定距变量视为"等同"连续变量。使用计量方法，既要小心不违反特定方法的预设，也不必过分看重这些预设。

第十五节 条件期望

条件期望（conditional expectation），意思是在特定条件或情境下的预期值。理解这个概念，最简单的方法是设想一个二乘二表,例如雇员数据中"少数族裔"与"是否经理"构成的二乘二表。这个二乘二表有四个单元格,每个单元格的"预期值"取决于两个要素:一是零假设,二是边数。零假设是假设两个变量之间没有系统的关系。零假设是所有"预期"的根据,是普遍的,不是"特定条件"。但是,在雇员数据中,这个二乘二表的每个单元格的"预期值",除了"零假设",还取决于所在的那一行的"行边数"(row marginal)与所在的那一列的"列边数"(column marginal),即"白人员工中有多少经理""白人员工中有多少非经理""少数族裔员工中有多少经理""少数族裔员工中有多少非经理",这些边数就是条件。总的员工数不变,边数不同,单元格的"期望值"也不同。根据这些条件,再根据"零假设",计算出的各个单元格的预期值就是有些晦涩的"条件期望"。计算公式是:行边数乘以列边数除以总数(row marginal * column marginal/grand total)。算出来的四个预期值,可以是频次,也可以是百分比,百分比就是"概率"。这样,条件期望值(conditional expected count)与条件概率(conditional expected probability)以及条件发生比,就好理解了。

第十六节 t分布中的自由度

t检验的自由度有两种情况。第一,如果根据一个样本估计总体的一个参数,例如根据样本一个变量的平均值估计总体的平均值，那么自由度是样本量减1，即n-1。比如，雇员数据的样本量是474，根据样本中雇员的平均年薪（样本统计值）估计雇员总体的平均年薪（总体参数），自由度是474-1=473。

第二，如果根据一个样本估计总体的k个参数，那么，t检验的自由度等于样本量减k，即n-k。比如，雇员数据的样本量是474，做多元线性回归，根据样本中雇员的教育程度与是否少数族裔对于雇员年薪的影响，估计雇员总体中教育程度与是否少数族裔对年薪的影响，是用两个样本统计值（教育程度与年薪的偏回归系数，少数族裔与年薪的偏回归系数）估计总体的两个参数，即k=2，自由度是n-k，即474-2=472。

自由度超过20，t值的分布就近似正态分布；自由度越大，t值的分布越近似正态分布。由于我们使用的样本一般在1000左右，而估计的总体参数一般不超过10，自由度一般有几百，所以做t值检验时一般不需要考虑自由度问题。这与分析定类变量与定序变量之间关系时使用卡方检验不一样，使用卡方值时需要注意自由度。顺便提一句，最大似然估计中使用"负二倍"，即-2 loglikelihood，作为测量回归模型"拟合优度"的指标，理由是"负二倍"的分布与卡方值的分布近似，这时也需要考虑自由度。

第十七节 内生性问题

内生性问题指的是自变量（解释变量）与误差项高度相关，

通常由两个原因造成。第一，有个未被控制的干扰变量既是自变量的原因，也是因变量的原因。例如，讲多元回归和控制变量时，统计老师的经典例子是：一个海滨城市每天的溺水事件数量的原因，貌似是该城市每天的冰淇淋消费量，冰淇淋消费量越大，溺水事件越多；冰淇淋消费量越小，溺水事件越少。出现这个似是而非的回归分析结果，是因为没有控制干扰变量"气温"。

第二，回归模型中的自变量与因变量互为因果，此为彼之因，彼亦为此之因。经济学的经典例子是，如果以商品价格为因变量，以消费者需求为自变量，回归分析就存在内生性问题。原因是，商品价格与消费需求互为因果。如果以消费者的"口味"变化为自变量，就不存在内生性，因为"口味"理论上独立于"价格"。口味毋庸争辩，类似于我们常说的：萝卜白菜，各有所爱。

"内生性"是真问题，但许多期刊论文中五花八门的"工具变量"往往是伪解决。不要太相信专家的说法，专家重视内生性问题，因为他们真的认为社会科学里边可以找到因果关系。我觉得社会科学只能找到相关系数的意义。如果用自然科学家或经济学家的态度看内生性问题，社会科学量化研究几乎都不值得做。

第十八节　关于统计检验

顶级期刊往往更重视方法的精确，内容是否成立反而是次要考虑。所以，写量化研究的文章，做种种精致的统计检验，最能体现作者的技术水平。量化分析的检验很多，几乎不可能完全掌握。我的做法是，常见的检验必做，不常见的，先看看目标刊物最近的文章，了解一下刊物的主编和评审要求做哪些检验。大约十年前，听朋友转述芝加哥大学一位名教授的话，大意是：不处理 design effect，文章不可能在 *Americal Sociological Review* 发表。反正我不奢望在这样的顶级刊物发文章，听了只当耳旁风，但是记住了有个 design effect。后来，看了看 Stata 的 svy 指令，才知道那时觉得神秘的 design effect 其实极其简单，关键是手头的数据里是否有 PSU、SSU 和权重等相关信息。专家天天琢磨新道道，用户与时俱进就可以了。

第十九节　区分三类零假设

社会科学常用的统计分析中，有三类零假设。清晰区分它们，可以少走弯路。第一类零假设是关于总体参数的零假设。做双边检验，研究假设的内容是：两个变量之间在总体中有系统关系；零假设的内容是：两个变量之间在总体中没有系统关系。做单边检验，如果研究假设的内容是：两个变量之间在总体中有系统的正相关；那么零假设的内容是：两个变量之间在总体中没有系统的负相关；如果研究假设的内容是：两个变量之间在总体中有系统的负相关；那么零假设的内容是：两个变量之间在总体中没有系统的正相关。我们设立这类零假设的目的是有信心地放弃它。

第二类零假设是关于回归模型与观察数据之拟合优度的零假设。拟合优度是专业术语，我喜欢用直白的"契合度"和"合身度"或"合体度"。我们做对数回归时使用最大似然估计，如果只对分析结果感兴趣，可以不理会这类零假设。如果好奇心强，想大概搞清楚最大似然估计摸着石头过河的估计过程，需要注意这类零假设。这类零假设的内容是：最大似然估计的全过程中提出的每个回归模型与观察数据完全契合，差距为零。也可以说，这类零假设的内容是：如果总体参数就是回归模型中的回归系数，我们观察的现实情况（即数据中看到的因变量的实际情况）发生的可能性（即似然，亦即过去时的概率）最大。我们设立这类零假设，目的并不是简单地放弃。对于初始模型，即回归系数都是0的回归模型，设立零假设是为了放弃它。放弃认为初始模型与数据零差距的零假设，就是放弃一系列第一类零假设，即关于总体参数的零假设。放弃关于初始模型的零假设，是摸着石头过河的起点，如果不放弃，就无河可过了。但这个放弃不是简单的放弃，下一步是摸第一块石头，即做最大似然估计的第一步。最大似然估计的第一步做出的回归模型，根据数据的实际情况用正数或负数取代初始模型中的0。关于这个回归模型，设立零假设也是为了放弃，但不是简单放弃，是黑格尔讲的"扬弃"（Aufheben）。扬弃有两个方面，"扬"是看新构建的回归模型是否"显著地"比初始模型更契合数据，如果作为契合度指标的"负二倍"的变化显示契合度显著提高，说明估计的方向正确，值得继续"发扬"；"弃"是看这个回归模型是否完美契合观察数据，不完美契合，就应该放弃零假设，继续探索。对最大似然估计最后一步得到的回归模型，设立零假设也有双重目的，不过不是"扬弃"，而是"妥协"。一方面，我们承认可以有信心地放弃它，在实际研究中，最终模型通常不完美契合观察数据。另一方面，我们解释为什么不放弃它，理由是它虽然不完美，然而是最接近现实的模型，是"最大似然估计"的结果。在这个意义上，最大似然估计的逻辑是治疗完美主义的良方。最后，我们在现实面前宣布自己惨胜，一方面认输，承认找不出完美的模型；另一方面，单方面宣布获胜，声称找到了最合适的模型。然后说，既然这件衣服最合身，那么它显示的尺寸应该就是主人身体的尺寸。

第三类零假设是做结构方程建模时遇到的，内容是：我们构建的结构方程模型，不论是测量模型还是结构模型，与观察数据之间零距离，完全合身。衬衣合身，我们才有信心根据衬衣各部分的尺寸猜测衬衣主人身体的尺寸，即认为样本统计值是对总体参数的可信估计（plausible estimates）。设立这类零假设，不是为了放弃它，而是为了接受它。所以，如果这个零假设不能通过绝对拟合检验，我们会退而求其次，采用比较宽松的渐进拟合检验。为了让模型通过比较宽松的渐进拟合检验，我们还会修改模型，这时也会采用最宽松的检验标准。

第二十节 关于研究直觉

研究直觉，类似猎手对猎物的直觉，就是清晰意识到想找什么，隐约知道到哪里找，大约怎样找。德语有句民谚：Wer sucht, der findet（谁寻找，谁找到）。这类"有志者事竟成"的励志谚语，故意混淆"必要条件"和"充分必要条件"。在学术研究中，寻找可不是件容易事。首先是知道找什么，很难。其次是知道到哪里找，也很难。最后是知道是否已经找到，更难。所以，寻寻觅觅，空手而归，司空见惯。

第二十一节 怎样处理缺失值

多元模拟缺失值（multiple imputation of missing values），是标准做法。能做模拟的软件好几种，无所谓优劣，应用时要靠专业知识和常识。分析模拟出来的数据要遵循 Rubin's Rules。把 imputation 译为"插补",正如把"embeddedness"译为"嵌入",有不懂装懂之嫌。

第二十二节　为什么取自变量的平方

有的时候会取自变量的平方,并把自变量与它的平方都作为自变量纳入回归模型,这是为了检测该自变量与因变量是否曲线相关。最常见的情况是把年龄与年龄的平方都作为自变量纳入回归模型,目的是检测年龄与因变量是否曲线相关。

曲线相关有四种情况。第一,物极必反,例如下图中紧张度与工作效率的关系。完全放松,"葛优躺",没有工作效率;紧张度慢慢提高,工作效率递增,二者正相关;过了一个节点,物极必反,亢龙有悔,越紧张,越不出活,紧张变成焦虑了,与工作效率负相关。如果只把紧张度作为自变量放在回归模型中,会发现它与工作效率没有显著关系,因为正相关与负相关互相抵消了。下面这张图,像张发愁的脸。体现在回归系数上,原自变量的系数是正数,原自变量的平方的系数是负数,两个系数都显著。

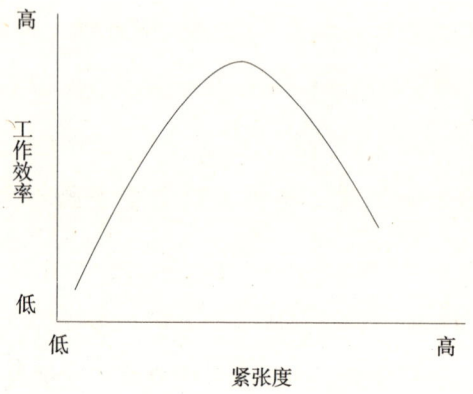

第二，触底反弹，例如下图中年龄与所需关照的关系。新生儿需要很多关照，年龄渐长，需要的关照量递减，年龄与需要的关照量负相关；过了一个节点，需要的关照量与年俱增，年龄与需要的关照量正相关。如果只把年龄作为自变量放在回归模型中，会发现它与需要的关照量没有显著关系，因为正相关与负相关互相抵消了。下面这个图，像张微笑的脸。体现在回归系数上，原自变量的系数是负数，原自变量的平方的系数是正数，两个系数都显著。

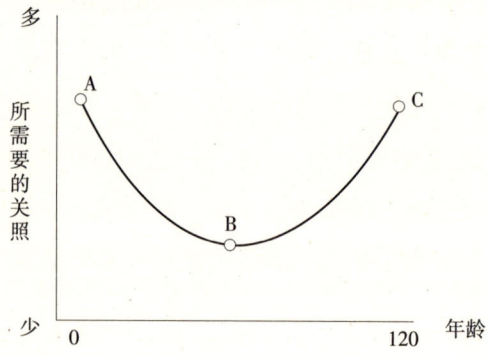

第三，先扬后平。例如，每天用功学习的时间是成绩，大约是先扬后平。用功时间从0小时到8小时，与成绩显著正相关，8小时以上，用功时间与成绩就不再显著。体现在回归系数上，原自变量的系数是正数，显著；原自变量的平方的系数是负数，但不显著。

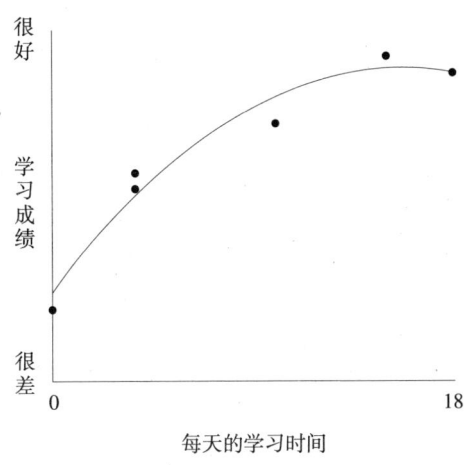

第四，先抑后平。例如，欠债的数量与心情的关系，据说是先抑后平。欠债从无到有，从少到多，在欠债量达到某个限度前，欠债越多，心情越压抑。过了某个限度，欠债量对心情的负影响就不再显著。有句俏皮话，"虱多不痒，债多不愁"，说的大概就是由抑转平后的境界。更健康的例子，是每天的减肥锻炼时间与身体中脂肪量的关系。体现在回归系数上，原自变量的系数是负数，显著；原自变量的平方的系数是正数，但不显著。

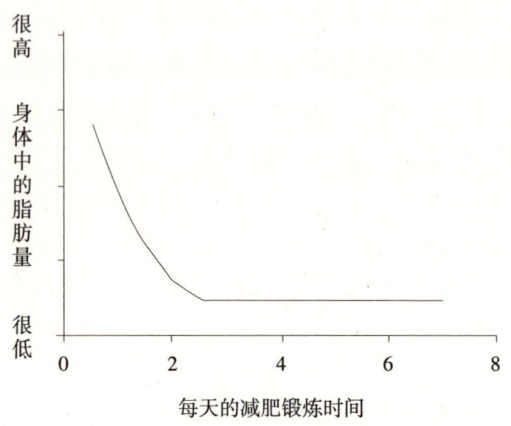

第二十三节 为什么要加权

有两个术语，调查抽样效应（design effect）和抽样权重（sampling weight）。权重就是 weight，重量。加权是 weighting，是称重。称重可以增，可以减，不是"只加不减"。加权是为了让样本中每个人的分量相同，或代表力相同。举个加权的例子。抽样时，在 10 万人的 A 县随机抽到 400 人，B 县 20 万人，也随机抽到 400 人。分析数据时，不能简单地把两个县的样本加在一起，变成一个 800 人样本。原因是，A 县的 400 人比 B 县的 400 人分量要轻。A 县的 400 人，每个人代表 250 人；B 县的 400 人，每个人代表 500 人；B 县样本中，一个人的分量是 A 县样本中一个人的分量的 2 倍。分析时，要给 B 县的人分量加倍。方法是在数据库中构建一个权重变量，A县的人，权重都是1，B县的人，权重都是2，做回归分析时，把权重纳入回归模型。这就是加权。

第二十四节　为什么取收入的对数

取对数的功能是挤水分，比如，月收入从1000元涨到2000元的意义，大于从2000元涨到3000元的意义，如果多数人的月收入以千元计算，极少数人的收入以十万、百万、千万计算，取对数就可以把这些特别高的收入中的水分挤掉。不是说那些人的钱不是钱，而是说那些人的钱对他们的幸福度的贡献不像表面看来那么大。

给个人收入取对数，符合我们的直觉。收入低的时候，多一块钱是一块钱，收入越高，多一块钱的意义越小，对于超级富豪来说，多一块钱只是一个微不足道的数。对数的特点就是把很大的数变得很小。以10为底数，1的对数是0，10的对数是1，100的对数是2，1000的对数是3。看底数，从1变成了1000，看对数，只是从1变成了3。《西游记》中有句话，可以帮我们理解对数。"天上一日，地上一年。"一段时间，用地上的量纲（自然数）测量是一年，用天上的量纲（对数）测是一天。

第二十五节　咬文嚼字是好习惯

我认为把 variable 译为"变项"比译为"变量"更好。有人说，如此咬文嚼字，类似孔乙己津津乐道于"茴"字有四种写法。我不这么认为。"变项"不是我的译法，我只是觉得这个译法更高明。"变项"指变化的东西，量化方法只是用数量测量和记录那"东西"的不同状况。把"variable"译成"变量"，让人觉得量化方法研究的对象就是"数量"。"变项"让人思考"变项之变"，"变量"让人专注于"量的变化"。做量化研究，最难回答的问题是"变项之变"，尤其是"因变量之变"，然而这个问题常被忽略。本书从俗，统一采用"变量"，但假定读者真懂这个词的含义。顺便说一句，不赞成咬文嚼字的人，往往用词含糊粗略。遇到"质化""信度""田野"等类似笑话的翻译，遇到"多谢聆听""敬请期待"这样的怪诞说法，不会有足够的敏感。清楚理解 variable 的含义，才不必过分执着于如何翻译。

第二十六节　统计上显著不等于实质上重要

有些不够严谨的学者有意无意地把"统计上显著"（statistically significant）与"实质上重要"（substantively significant）混为一谈。在这些容易混淆的概念上是否严谨，是个可靠的标准，有助于判断貌似来头不小的"和尚"是不是真会念经。判断"统计上显著"的差异是否也"实质上重要"，要分析效应大小（effect size），这比较复杂，相当于解释回归系数的实质意义，需要考虑变量的测量单位。具体说，未标准化回归系数的绝对值取决于测量单位，如果测量单位细小，即使回归系数统计上高度显著，绝对值也会很细小。如果回归系数统计上显著，下一步是根据研究领域内的约定判断它是否实质上重要。显著度相同、标准值也相同的回归系数，按照社会学标准衡量，可能实质上无足轻重，然而，按照流行病学标准衡量，可能实质上关系重大。

第二十七节 动态细读统计图表

看统计图表，不能俯视，不能指望一览无余。看表格，例如看交叉列表，可以专注最有趣的单元格。例如，用雇员数据的是否经理与是否少数族裔构建的二乘二表，最有趣的单元格是"既是少数族裔又是经理"，看看这个格子里应该有多少人，实际有多少人，就可以大致估计计算"预期值"时依据的零假设的可信度。

看图表，要看准维度，像欣赏绘画一样，动态地细读，要逐步走进画中。例如，看正态分布图，先做如下预热：选择以中间点 0 为起点，一个向度是 z 值或 t 值与 0 之间的距离，衡量距离的测量单位是标准差或标准误；另一个向度是概率，0 的概率最大，离 0 越远，概率越小。准备好了，先从 0 开始，沿着横轴的标准差或标准误的值从左往右看，也就是标准差或标准误逐渐增大，同时瞄着竖轴看与标准差相应的概率，这时要从上往下看，也就是概率逐渐从大变小，看到三个或四个标准误，正态分布图的可见部分就看完了，然后想象那条看不见的渐近线。看完右边，再用同样的方式看左边。这样看几次，就能体会到，貌似静态的正态分布图其实是个动态的图。

第二十八节　多层线性建模

多层线性建模（Hierarchical Linear Modeling）的主要用处是分析环境因素对个人属性的独立影响（净贡献），常见的是双层分析（two-level analysis），既看个人层面的自变量对个人层面后果变量（outcome variable）的影响，也看地区层面的变量如何通过影响个人层面的解释变量（predicator of interest）影响个人层面的后果变量。

双层回归的经典例子是：学生的成绩不仅取决于学生的个人因素（包括家庭因素），还取决于所在班级或学校。双层回归建模允许我们以学生成绩为因变量时，先使用以学生个人为分析单位收集的个人层级的自变量，例如父母教育程度、年龄、性别、健康状况、个人用功度、家庭经济条件。然后，以班级或学校作为分析单位收集的二层自变量，例如主要任课教师的平均学历、教学经验或所在校区的经济社会指标，解释个人层级自变量不能解释的剩余误差平方和。使用双层模型需要构建双层数据，HLM（Hierarchial Linear Modeling）、R、Stata 和 Mplus 都能做双层回归。

第二十九节　动手用例子思考

理解抽象概念，最有效的方式是"用例子思考"（think with examples）。《戏说》讨论正态分布的三个版本，讲到抽样分布，就是动手思考的例子。抽一百个样本，需要很大的耐心。耐心不够，抽几个，有点体会，就有奇效；真抽一百个，有神效。不肯动手，是对自己的思维能力和想象力高度自信，但也冒了盲目自信的风险。我教统计十几年，觉得真懂抽样分布的学生并不多，原因是肯下笨功夫的学生终归是少数。

用概念思考是理想，但需要天才。不少年轻人自信满满，仿佛单凭脑子思考就能想出博士论文，多数情况下是不自量力。欧拉、爱因斯坦、霍金，都是天才，他们能完全凭脑筋想问题。欧拉晚年失明，明眼的学生用笔算不对，他凭心算能算对。霍金得了运动神经元疾病，身体不能动，但他思考宇宙问题，比如神秘的黑洞问题，想得比绝大多数能跑能跳的人清楚。爱因斯坦做思想实验，因为他思考的是空间与时间问题，没有办法做实验。我讲课时经常举鲁迅先生打腹稿的故事。这些伟大人物是大天才，我们可以站在远远的地方仰视他们，但不能效法他们。他们动脑子凭概念就能想清楚极为深奥的问题，我们只能指望动手用例子想清楚相当简单的问题。这是现实，不能不承认，不能不面对。用例子思考，动手思考，是中人之材能够达到的现实。我讲论文写作，强调一定要动手写，动手改，道理是相同的。

　　本书有两个动手用例子思考的例子。第一章，理解样本量与置信区间的信心度的关系，置信区间信心度与宽度的关系，对我来说最直观有效的方法就是动手思考。第四章，定序回归的难点之一是，变量之变是累积概率之变，累积概率之变又被表达为累积发生比之变，累积发生比之变又被表达为累积发生比之自然对数之变。我数学不好，无法凭心算理解这些数学转变，只能动手思考。用一个计算器，根据一个真实的数据，一一计算累积概率，然后计算相应的累积发生比，再计算累积发生比的自然对数。明白了定序回归中因变量之变的含义，解释回归系数时，心里就有底了，这时就不必再去费心琢磨怎样动手思考，只要借助专家提供的利器，把回归系数代表的因变量发生比之自然对数的变化先还原成发生比的变化，再还原成概率的变化。

第三十节　万法归一

大千世界万象归一，认识世界万法归一。社会科学以个人与组织为研究对象，研究方法异曲同工。量化方法是精巧的思维方式，定性研究则更有艺术性，有更大的想象和创造空间。逻辑是对思维的思维，哲学是爱智慧，但归根结底是为了认识人。王佐良先生翻译的培根《论读书》，是神品，其中有句话："读史使人明智，读诗使人灵秀，数学使人周密，科学使人深刻，伦理学使人庄重，逻辑修辞之学使人善辩：凡有所学，皆成性格。"

定性方法与定量方法都是方法，万法归一。方法论的各种区格，反映的是学者个人能力与眼界的局限，与世界无关，与社会科学无关。以自己碰巧会的一点把戏为社会科学研究的"九阴真经"，不仅可笑，亦复可怜。有自尊的学者，在方法论上一定持开放态度。承认自己的局限，才有希望超越局限。唯我独尊，无非意味着不敢承认自己的局限，心甘情愿把自己变成局限的奴隶。比如，有人认为他是定量研究大师，除了定量方法，他都看不起。其一，他是把自己当成了定量方法的大神，实际上他可能只是个小鬼。其二，他把自己变成了定量方法的奴隶，这倒不折不扣。

我讲研究方法，每次都推荐启功先生的《启功给你讲书法》,因为启功老先生特别擅长破除迷信。不破除方法论迷信,就会成为方法论的奴隶。不少同学被各种各样的方法论吓住了。定性方法一大堆,定量方法又是一大堆,博弈论等等又是一大堆。这么多方法,不可能都学会。关键是我们需要懂多少。无论我们会什么方法,只要我们把一种方法想透了,再理解其他方法就不难,触类旁通。当然,触类旁通,不像捅窗户纸那么容易,更像是学好母语,再学外语,或者先学好英语,再学德语或法语。研究方法之间无疑有隔阂,但隔阂不是铜墙铁壁,因为背后都是思维。数学学精了,数学就成为你最擅长的语言。哲学学通了,哲学就是你最得心应手的语言。文学能力强,可以用形象的比喻思考。擅长逻辑,就用符号思考。做研究,关键是有探索的兴趣,有独出心裁的想法。

第三十一节 学量化方法是为了建立概率思维

散乱的、碎片化的知识,没有用,把它们融入自己的思维方式才有用。思维方式可以是自觉的,也可以是半自觉甚至不自觉的,即下意识的。使用一个工具,时刻意识到它的存在,对这个工具的掌握就没到家。弹钢琴,时刻意识到钢琴的存在,意识到琴键的存在,弹钢琴时就不是完全表达对音乐的理解。厨师有刀工,就是用刀的时候不觉得是在用刀,觉得是用手,甚至只是用脑,才是得心应手。学统计分析也一样,统计分析有很多概念，很多技术，学习过程需要抓住关键概念，比如概率、正态分布、显著、发生比的对数，完全理解这些概念，记住它们，从掌握点滴的知识到慢慢把点滴知识变成一个系统，形成一个视角，形成概率思维方式。

形成概率思维不是很容易，与阅历和成熟度有关。数学优秀的高中生，可能无法理解简单的概率问题或统计概念，不是他们不够聪明，而是他们不够成熟。他们习惯于以精密的、确定的方式看世界，是非分明，黑白分明。从确定的世界观看，犯一类错误的概率是5%，犯二类错误的概率肯定是95%。但世界不是这样确定无疑的，在概率世界里，概率不能小到0，也不能大到100%。从青少年非此即彼的思维方式，到成年人的概率思维方式，也就是习惯于认为只能计算犯一类错误的概率。接受二类错误概率无法计算这个事实，是一个重要转折。现实的不是必然的，可能的不必然发生，发生的不必然发生，未发生的不是不可能发生。

第三十二节　善于跟网上的老师学习

衡量统计知识基础是否已经够牢固，标准是会不会在互联网上寻找自己需要的答案，寻找有用的技术知识。在网上输入关键词和想问的问题，在下载的文件中输入关键词，能找到所需要的答案，就是会自学了。善于向网络上做义工的专家学习，善于利用网上的优质自学资源，既有效，又经济。

第三十三节　量化方法是一种"语言游戏"

维特根斯坦是20世纪的大哲学家。像柏拉图一样，他一生创建了两个表面不相容的哲学体系。年轻时，他强调语言是世界的逻辑图画，追求语言意义的清晰明白。后半生，他认识到语言是人的生活与其他实践的工具，科学研究是人的实践的一部分。他的早期哲学与晚期哲学各有价值，不是相互替代，而是相互补充。如果说维特根斯坦早期哲学的关键词是逻辑，那么后期哲学的关键词是游戏。

游戏，德语是Spiel，英译是game。维特根斯坦后期哲学的关键词Sprachspiel，英译是language game，汉译是语言游戏。可惜，"游戏"这个词在汉语中太轻飘，不能完整反映原文的意思。最能说明问题的，就是我们不把"Olympic Games"译成"奥林匹克游戏"。在德语原文中，Sprachspiel指的是人类全部过程中的所有语言表达，涵括简单的感叹词、严谨的科学论文、丰富多彩的文学作品、复杂的哲学论著。人类的知识分门别类，相应的语言实践随之分门别类，形成不同的"语言游戏"，各有各的词汇，亦即术语，各有各的规则，亦即语言规范。

量化方法也是个语言游戏。我们小时学游戏，都是在看游戏、做游戏的过程中学会的，不是靠熟读、熟记游戏规则学会的。学量化方法，最有效的方法也是通过看游戏、玩游戏学。用学游戏的态度学量化方法，有三个要点。首先，要有游戏心态。对西装革履的统计专著，尤其是货真价实的名著，我们当然要毕恭毕敬，但内心一定要清楚，那些大部头相当于 NBA 裁判必须掌握的篮球规则全书，相当于法官必须熟悉的法典。我们的角色更接近球员，更接近执业律师。这个角色定位要清晰，否则无法获得必要的轻松心态，对待游戏规则过分认真，就无法去玩游戏了。

其次，要入戏。玩游戏，有各种境界。马马虎虎地玩，不管玩多久，都只能玩得马马虎虎。好例子是苏东坡下围棋，他的心态是"胜固欣然，败亦可喜"，所以他的围棋水平肯定高不了。学量化方法，目标是成为专业玩家，需要入戏。要入戏，最有效的途径是找到好游戏，也就是找到一个自己真有兴趣分析的数据，然后在数据中找到自己真有兴趣的因变量。找到了，就抓住了牛鼻子，纲举目张，顺藤摸瓜，就入戏了。雇员数据是很简单的数据，但可以做出很多好玩的游戏，关键就看是否入戏。自己创作游戏，自己玩自创的游戏，是有效的学习方法。我写《戏说》与《续编》，都努力把自己设计的智力游戏写清楚。

最后，如果只是把量化方法当成研究工具，要知所进退，及时跳出游戏，不要偏离自己的研究课题。不入戏，学不会；入戏太深，会痴迷。围棋的绰号是"木狐狸"，量化方法有点像"数字狐狸"，都能让人着迷。可是，如果没有天赋棋才，没有明师指点，不管多么痴迷，棋迷终究只是棋迷，可以靠教棋谋生，不能靠下棋谋生。同样，如果没有数学天赋，不管多么痴迷量化方法，还是很难成为量化方法的专家。幸运的是，靠量化方法谋生，并不艰难，可以当研究助理，可以教量化方法，可以提供量化技术咨询，都是光荣的职业。

附录

练习数据与其他参考资料

一、练习数据

本书延续《戏说》的做法，用比喻和哲理解释量化方法，但更注重举例。举例谈量化方法，离不开数据。《戏说》使用了三个数据库：一个是 SPSS 自带的雇员数据（Employee data.sav）；另一个是我自造的，解释概率、发生比、发生比的自然对数、似然、似然的自然对数、似然的自然对数的负二倍；第三个是有删节的"中国调查"（China Survey）数据。我在视频课"让每一个文科生都成为统计高手"也使用这三个数据。本书仍然使用雇员数据，但做了些加工，此外还使用了三个数据，都是根据真实数据改编的。我把这些数据以及"让每一个文科生都成为统计高手"的课件打在一个文件包中，储存在百度网盘，若有兴趣下载，请访问下列链接：https://pan.baidu.com/s/1xwNRLEYcA6T9YjuNGMK-yw，提取码：bfxd。

二、我的微信公众号

微信公众号"在学术界谋生存"，是我的"单人牢房"，不是"单人商店"，因为没有收银台。该号是不折不扣的敞号，一切都是我自己打理。开号以来，除了不定期推送关于研究方法的一管之见，也讲几句自认为有理的经验之谈，还给自留地种出来的几颗胡萝卜做做广告。该公众号的留言平台，是我与视频课订户与读者的重要沟通渠道。

三、我的视频课

我把四门视频课也列为参考资料。据李零先生分析，孔夫子能创造弟子三千的伟大教育事业，诀窍是让先入门的学生指导新进弟子。孔圣人的发明，19世纪欧洲的两位教育学家贝尔（Andrew Bell）与兰卡斯特（Joseph Lancaster）也分别独立发明了，被教育学界称为"贝尔—兰卡斯特方法"（Bell-Lancaster Method）。我不开私塾，所以只能变相效法孔夫子。两年前，在宋义平先生的鼓励下，我决定学两个榜样，一个是德国指挥家卡拉扬（Herbert von Karajan），另一个是加拿大钢琴怪才古德（Glenn Gould）。古德少年成名，但是，31岁后就不再登台演出，全力以赴借助20世纪中叶最先进的录音技术，保存推销他对巴赫钢琴作品的演绎。卡拉扬年老后，渴望把他的指挥艺术尽量保存下来，借助20世纪80年代最先进的录像技术，聘请电影导演，与日本的索尼公司合作，制作音乐视频，为此不惜得罪他苦心经营三十年的柏林爱乐乐团。跟这两位音乐天才比，我只有萤火之光。但是，我记得鲁迅先生的教导："天才大半是天赋的；独有这培养天才的泥土，似乎大家都可以做。做土的功效，比要求天才还切近;否则,纵有成千成百的天才,也因为没有泥土,不能发达,要像一碟子绿豆芽"(《坟》之"未有天才之前")。我做的几门视频课,是合格的泥土,难免有沙砾,但我在几位朋友的鼎力协助下尽了最大努力剔除碎玻璃。

《让每一个文科生都成为统计高手》

扫码订阅《让每一个文科生都成为统计高手》视频课,优惠 15 元

《过好研究生的苦日子》

《例解八种常见的社会科学研究方法》

《18 讲突破学术困境：发表还是出局》

我讲统计

我讲统计，顶多算客串，专家也许会认为我是搅局。1978年我考大学，报的是文科，数学不及格。到底是得了 59.3 分还是 59.7 分，不记得了。但是，不及格的原因记得很清楚，就是一道对数题没做出来，这是道大题，不是 15 分就是 20 分。进南开大学后我学过点数学。哲学系领导说，马克思晚年还学数学，写了《数学手稿》，哲学系学生应该学点高等数学。于是，我们学了一学期微积分。其他同学大约本来就会，或者是学会了，不过我没学会。至于统计，那时我根本没听说过统计学，我理解的统计，就是班主任说"统计人数"的统计。

后来，我学统计，是因为 1990 年到美国后改学政治学。俄亥俄州立大学政治学系以计量研究著称，博士研究生必修一年统计分析，所以我学了一年统计。第一个学季成绩不好，B，这对研究生来说是很差的成绩。成绩不好，原因是我听不懂。老师说测量有四个层级，nominal（定类）、ordinal（定序）、interval（定距）和 ratio（定比）。这几个词我都认识，但不懂它们在统计分析中的含义。老师讲抽样，我也听不懂。

到第二个学季，我开始觉得统计好像没那么复杂，多花点时间就能学会。所以，第二、第三学季，成绩都是 A。三学季的三门课都是六字头的课：684、685、686。第二学季结束，修完了 685，教统计的克劳森教授（Professor Aage Clausen）找到我，说：你不要修 686 了，这门课对你来说是浪费时间，你一定学过统计，我建议你去修 826，826 是高级统计课。我跟他说：谢谢，但是我真的没学过统计，685 我学得很辛苦，826 肯定学不会。所以我就继续跟他修 686。这里有个插曲，让我一直感谢克劳森教授。686 期末考后，我收到成绩单，看到是 A，很高兴。这时已经放暑假了。我有次去系里，遇到了克劳森教授，他说你到我办公室来一趟。我从来没进过他的办公室，有点莫名其妙，也有点紧张。到他办公室后，他先让我坐下，然后拿了一张试卷给我，说：试卷的背面有题，你回家后看看，你那张试卷是不是跟这个试卷一样。我回到住处，看了看我那张试卷，果然背面有题，但我考试时没看到，当然也就没做。我如实跟老师汇报，他说，你放心，我知道你一定会做那道题，所以，虽然你没做，我仍然给你最好的分数。这件事对我影响很大。我觉得，老师对学生的信任是学生成长、用功、进步的巨大动力。第二年，为了不辜负克劳森教授的好意，我真的修了 826，但上了一次课就退了。教这门课的是个刚得到博士学位的年轻老师，上课时在黑板上推数学公式。我根本看不懂。另外，我不觉得有必要学高深的统计方法。

我尝试做统计分析，是想应付学术界同行的挑战。那时，我主要研究农民的政治参与，觉得不能简单地用二分法。我观察到农民根据中央的精神、中央的政策、国家的法律，反对地方尤其是基层政府的"土政策"。我和我的老师欧博文教授尝试解释这种现象。但是，每次开会，同行学者都问我们一些必须用定量研究回答的问题，这是我重新捡起统计分析的正面动机。有些学者用定量方法研究中国，论文发在顶级刊物上，但我看了总觉得有点不大对头，但又说不出来他们到底错在什么地方，这是我学习量化方法的负面动机。

我刚到美国读书时，个人电脑很贵，我买不起。我上了一年统计课，做作业都是在系的实验室，叫作 Polimetrics Lab（计量政治学实验室）。实验室里有些终端机，软件是 DOS 版的 SPSS。我在终端机上照猫画虎输入指令，分析结果可以打印，但要到另一栋教学楼（Baker Systems）取打印结果。记得有一次做因子分析，我输错了指令，打印出好几百页。到 1997 年，就是我开始重新学统计的时候，有个人电脑，也有了视窗版的 SPSS 6.0，但不会用。上学时用的数据是美国大选数据。老师没讲过怎样建构数据，我当然不懂。打开 SPSS，看到纵横交错的格子，觉得神秘莫测。

不懂就想办法学。我有个弱点，就是不愿意跟人家请教，喜欢自学，难免走很多弯路。不过，走弯路也有好处，就是避免了很多难为情的时刻。问人家，人家难免想：怎么这么简单的东西你也不懂？他们这样想，自然会流露出来，我比较敏感，一定会察觉。由此可见,老师对提问的学生千万不要有居高临下的心态,否则很容易伤学生的自信心。比如说,学生问个问题,你流露出一副不屑的神情,对学生的负面影响可能是很深远的。我的自信心本来就不强,所以小心翼翼自我保护,为了避免受打击,能自己琢磨就自己琢磨。当然,我也跟信得过的朋友请教。比如,我是郭正林教授的副导师,但他是我的统计老师,我们互为师生。

我学统计是学以致用,教统计则纯属偶然。系里有位老师善于尝新,开了不少新课。开了新课后他先教,教两年就没兴趣了,不教了。统计课就是他尝新的果子。他不教了,其他老师教不了,可是这门课已经被列为学生必修课。于是系里就请兼职教师讲,教学效果不好,学生意见很大。正好我急于摆脱一门无聊的课,就向系主任自告奋勇讲统计。一开始教,我就发现我的自学方式有个优点,学生可能走的弯路我基本上都走过。我有个优点,对当教师很重要,就是记忆力不错,我能记得哪里有弯路,哪里有陷阱。我教统计时很小心地提醒学生,这个地方有陷阱,那个地方要转弯。

我第一次注意到我教统计的方法可能"与众不同"是在2005年。课上讲卡方检验,我特别强调卡方检验里的期待值(expected count)是根据零假设做出的预测或期待。下课后,旁听的一个博士生说,她学过两三次统计了,没有一个老师告诉她这个期望值是根据零假设计算出来的,所以她很难理解为什么卡方检验能告诉我们可以在多大的信心度上放弃零假设。此后我继续讲统计方法，给本科生讲，也给研究生讲。每次上课我都设法把统计分析背后的道理讲清楚，每次都换不同的角度，看怎样讲更清楚。比如，因子分析里的因子旋转是个抽象的概念，我向史天健老师请教过，模模糊糊懂得旋转因子的道理。一开始我理解得不清楚，所以也讲不清楚，后来想到一个比喻，就讲得比较清楚了。常用的正交因子旋转（orthogonal rotation），无非就是假定几个因子之间不相关，它们本来可能是一伙的，旋转它们就是硬把它们分开，让它们唱对台戏，这样可以更清晰地看到哪些指标与哪个因子的关系最强，即因子负载最大。这就是我在视频课上用的比喻：旋转因子就是让世界三大男高音唱对台戏，这样我们就更容易判断，哪些观众是哪位男高音的粉丝。这个比喻，我也不是一下子就想清楚了，尝试过好几个版本。

到今天为止，我只在自己的课堂上用比喻讲统计。我觉得，我不是专家，不真懂统计，跟自己的学生讲，他们觉得有用就行。如果公开讲，就有冒充内行之嫌，会惹麻烦。所以，我在这个视频课上公开讲，算是我偶尔胆大包天，冒失一回。我少年起就谨小慎微，没什么雄心壮志，当然也就没有冒险精神。录这个视频课，是我最大的冒险，不过我也做了一些准备，做了一些铺垫。2013年，我去中山大学参加一个方法论工作坊，建议区分方法论的专家与用户，就是变相鼓吹我的"戏说"。那时，方法论培训班比较多，主要讲授计量方法。注重研究方法的风气很好，但计量方法培训的结果差强人意。有些学员听了之后觉得定量研究高深莫测，放弃了。有些学员努力试用，但做出的东西似是而非。培训效果欠佳，我觉得原因之一是主讲老师讲得太高深。举个例子，2009年，我在吉林大学听洪永泰老师讲抽样。有位方法营的教官也来听课，课间休息时，他说讲统计一定要讲清"中心极限定理"（central limit theorem）。我一时没反应过来，过了一会儿才醒悟"中心极限定理"的意思是：如果样本量足够大，那么样本的均值呈正态分布。我讲课，每次必讲正态分布，但从来不用数学，不讲微积分，不讲公式，当然也不讲这个定理。不讲，因为我不懂，讲不清。我只是个统计方法的用户。我会开车，但不会修车，更不会造车、设计车。

我提出要区分方法论的专家和用户，固然是为自己数学不好居然讲统计课找歪理，但也不完全是自私。客观地说，绝大多数社会科学学者仅仅是方法论的用户。方法论专家研究方法论，统计学家研究统计学，软件专家写统计软件，每一项都是毕生事业。如果我们觉得使用统计方法就必须达到专家的水平，既是不自量力，也是贬低专家。专家一辈子研究这个东西才能真懂，你认为用十分之一的时间和精力顺便学一学就能达到专家的水平，不相当于说专家的智力只有你的十分之一吗？我认为，区分了专家的懂和用户的懂，我们才能正确看待专家，正确看待自己。我们是用户，仅仅是用户。专家搞对了，我们很幸运，跟着对了；专家搞错了，我们跟着错了，并不丢脸，因为专家比我们高明多了，他都搞错了，我们搞错了有什么关系？举个例子，我原来用Amos 4.0，后来发明这个软件的专家承认这个版本有个致命缺陷，做了修正。我用过 4.0 的版本，也许跟着他错了，但这不是我的问题。

2013 年，我在中山大学方法论工作坊提出要区分专家的懂和用户的懂，发言时间是 15 分钟，我不能举例子。我有很多实例支持提倡或至少是宽容"用户视角"。例如，有个博士生问控制变量是怎么回事。我说，使用控制变量，就是尽量保证牛跟牛比、羊跟羊比，避免牛跟羊比。她说，原来是这样！然后她问，为什么别的老师讲不明白，你一讲我就明白了呢？我半开玩笑说，也许别人不想给你讲明白。

还有个例子是"逻辑斯蒂回归"，我在这个视频课中把它叫作对数回归。我琢磨对数回归，花了很多时间，查了好几本书和词典，终于明白对数回归（logit regression）是以一个事件发生的概率为因变量，但是以 logit 作为概率的测量单位。有人把 logit 译为"逻辑特"，把"logistic"译为"逻辑斯蒂"，是音译，并无不妥，但显然没有注意"逻辑"二字很容易让人望文生义，产生误会。logit 是 log of it 的缩写，log 是 logarithm（对数）的缩写，it 指的是发生比，即一个事件发生的概率与不发生的概率的比率。我的"顿悟时刻"，发生于偶尔在网上查到一个美国学者的网页。这位学者叫 Gerard E. Dallal，他的网页"The Little Handbook of Statistical Practice"免费教统计。他专门有一节讲 logit。我现在还记得当时看到那一页时感到的震撼。这一页有好几行，从上到下，字体越来越大，每一行都是相同的一句话：Logarithm is a transformation! 我忽然明白了。

我"顿悟"的内容大体如下。用 0-1 描述概率的变化，做最小二乘回归，结果可以理解，但因为会预测出小于 0 和大于 1 的概率，谨慎的学者不敢用。对数回归不会得出逻辑荒谬的结果，关键就是把概率先转换成发生比，然后取发生比的自然对数，用这个自然对数作为概率的测量单位。因变量仍然是概率，但它的数学表达式变成了 logit。Dallal 博士强调对数是转换，就是提醒我们，logit 是对概率的转换，但万变不离其宗，转换以后仍然是概率。

明白了这一点，就打通了最重要的关节。但是，后面还有个难关。概率的变化区间是从无限接近 0 到无限接近 1，中间点是 0.5；发生比的变化区间是从无限接近 0 到正无穷，中间点是 1，即一个事件发生的概率是 0.5，不发生的概率也是 0.5，发生比等于 1；发生比的自然对数的变化区间是从负无穷到正无穷，中间点是 0，不论以什么为底数，1 的对数都是 0，它的自然对数也是 0。这一串数字中，可以理解但难以形象把握的是"无限接近"和"无穷"。我在一本统计学词典（按：Duncan Cramer and Dennis Howitt, *The SAGE Dictionary of Statistics*, Thousand Oaks, CA: Sage Publications, p. 94）里看到一段话，大意如下：理论上，概率的变化区间从无限接近 0 到无限接近 1。但是，一般来说，我们实际关心的最小概率是万分之一，即 0.0001，中间点是随机概率五五开，即 0.5，最大概率是万仅一失，即 0.9999。把从 0.0001 经过 0.5 直至 0.9999 这个区间的概率转化成 logit，后者的变化区间是从 -9.21 经过 0 直至 9.21。以自然对数为横轴，以相对应的概率为纵轴，我们就能画出对称的 S 型曲线。我把费力找到的几片信息拼凑起来，就形成了我在视频课中对 logit 的解释。

在中山大学那次方法论工作坊中，我列举了一些自造的说法，其中包括对数回归相当于"曲线救国"。马骏老师听了，觉得很有意思，鼓励我把这些想法写下来。我记住了马老师的话。不过，从 2013 年到现在，四年过去了，我才终于下决心写马老师建议的书。这四年，我继续用我的方式讲统计分析。越讲，有个感觉越清晰。我觉得，专家讲统计分析，学生往往听不懂，不一定是专家故意让人听不懂，更可能是因为专家数学头脑特别好。打个比方，他腿很长，翻山越岭从一个山头直接跨到另一个山头。我们数学不好，长着正常人的腿，翻山越岭得过沟沟坎坎，攀上爬下。可以设想，腿长千米的人没有攀上爬下的经历，当然很难体谅腿短之人的苦衷。我数学不好，体验到了专家体验不到的东西。我学统计教统计，拿几根树枝当登山杖，虽然走相欠佳，有时连滚带爬，但毕竟到了目的地。我在视频课里的几个自造说法，例如最大自然估计是当事后诸葛亮，显著度检验是"欲擒故纵，诱敌深入，反戈一击"，就是我用来当登山杖的树棍。这些树棍中，长相最怪的可能是解释抽样分布时使用的"单人牢房思想实验"。抽样分布是个极为重要的概念，我读书时听不懂，老师在课堂上明确说，这个概念很难懂，听不懂不要着急，以后慢慢就会懂。我为了自己搞清楚，设想了一个奇怪的场景，被关进单人牢房，无事可做，只能靠天天抽样保持精神正常。这个思想实验还分低中高三个版本，分别帮我理解正态分布的三个版本，即个体属性观察值的正态分布、样本统计值与抽样误差的正态分布、概率指标值的正态分布。

  毫无疑问,我拾到的这些树棍登不了大雅之堂。有两个因素让我鼓起勇气把这些因陋就简的教学仪器公布出来。首先,我越来越相信这些类似旁门左道的东西有用,特别是对腿不长又买不起登山杖的文科生有用。文科生也可以通过接受专业训练学统计方法,不过专业培训成本高。培训班和方法营的费用都不低。我认为关键是入门,入了门,学习成本几乎是零,我们需要的统计知识,网上应有尽有。其次,我这几年越来越深地体会到岁月不饶人,50 岁以后体力脑力的衰退速度越来越快。我很虚荣地认为,我的一点体会值得让更多的人知道。所以,"学术志"的总经理宋义平先生建议我录视频课时,我认真想了想就同意了。我觉得,时机已经成熟,再不做,过几年就很可能做不动了。

  我不仅录这个视频课,也在写本书,书名叫《戏说统计》。又录视频,又出书,并不是因为我贪心,想一鱼两吃。真实的原因是,学统计方法,仅看书难领会,仅看视频难深入。有些要点,视频展示几秒钟就够,但落在纸面上需要几百字,还很难写清楚;有些要点,只能用绵密的文字讲述,单靠口头讲,谁也听不懂。

  最后,我说个心愿。我真心希望我的学习经验能帮助有兴趣或有必要学计量方法的文科生少走弯路,少落陷阱。文科生数学底子相对薄弱是个事实,我们不要否认,但也不要因此妄自菲薄,误认为数学不强就学不会量化分析,连当合格用户的资格也没有。我希望我的视频和书能帮助文科生克服对统计分析或量化方法的恐惧。只要克服了恐惧，以自己的研究课题为核心，一步一步走，就能走出自己的路。学统计分析跟学其他任何东西一样，一定要找到最适合自己的学习方式，走出自己的路。

（本文初稿是视频课"让每一个文科生都成为统计高手"的自我介绍）

我难，你不难
——关于《戏说统计》的笔谈

微信公众号"雅理读书"的编辑问：李老师本科学哲学，后来读政治学，为什么会写量化方法的书？

答：说来话长，不过可以先借用齐白石先生的五个字做个回答："我难，你不难。"教师节期间，我在北京改清样，晚上在电视上看到李苦禅先生的二公子李燕先生讲师祖齐白石先生的轶事。李苦禅先生向师父白石老人请教作画、制墨、治印以及做印泥的诀窍，白石老人对大弟子从不藏私，倾囊相授。传授前，老人有句口头禅："我难，你不难。"白石老人的意思是：我摸索这些诀窍，很难；跟你一说，你就懂了，就会了，你不难。我觉得白石老人这五个字总结了师生正道。统计学术语晦涩，公式像天书，我学得十分辛苦，像爬泥泞滑坡，走陡峭山路。我在独自摸索过程中折了几根树枝，权当登山杖。视频与书就是这几根树枝的化身,我希望用"我难"在一定程度上换取读者的"不难"。当然,这只是我的主观愿望,效果如何还有待检验。

问:您说"我难,你不难"是师生正道,有歪道吗?

答:我很幸运,从小学到博士都遇到了好老师,所以没有体验到"歪道",但我耳闻目睹了不少"歪道"。比如,我在微信上看到一句话:"学生虐我千百遍,我待学生如初恋。"这是不懂师生正道的人编造的自恋胡话。用车铭洲老师的比喻说,学生问老师,是和尚敲钟,老师的成就是学生敲出来的,学生怎么可能"虐"老师?"初恋"更是胡扯,因为初恋总是伴随着想象与幻想,很美妙,但不可能完全现实,否则就无浪漫可言了。傅雷先生把初恋比作美丽的火花,是大智慧。火花温度越高,持续越久,两片金属产生的合金的纯度与韧度越高。但是,火花不可能持久,师生情谊却延续毕生。我觉得,白石老人的"我难,你不难"是师生正道。老师学得越辛苦,越应该把正路告诉学生。正路不等于坦途,但老师不能有意无意地听任学生走岔道,甚至为了炫耀学问把简单的道理复杂化甚至神秘化,否则就是失职。

问:我听说李老师经常"自黑","戏说"是不是"自黑"?

答:不是,是句实话。我从来不"自黑",不过我也不"自粉"。有些朋友觉得我"自黑",也许是因为学术界有些"自粉"的人,我不"自粉",反而显得有点"格色"。当教师,从事的是良心的事业。老师学得很辛苦,应该让学生比较容易地学会，不要把自己的点滴心得藏着掖着，特别是不要把自己犯过的错误、走过的弯路、遭受的挫折藏着掖着。把自己的学习过程如实告诉学生，学生才有可能鉴往知今，不重复老师的错误。不要总是端着架子，觉得我是老师，你是学生，我比你高明。

问：现在的大学生和研究生数学都不错，还有必要通过"戏说"学量化方法吗？

答：这个问题我答不了。不过，我可以做三点解释。首先，数学好，有助于学统计学技术，但未必有助于掌握量化方法背后的概率思维方式。在培养概率思维方式上，我在书中做了点探索，借助比较容易引起共鸣的人生哲理。其次，我国的知识教育发展很快，年轻学生的数学知识训练远远超过了我这代人，但知识灌输与思维训练不是一回事。最后，考大学时选择文科的学生，一般认为自己数学弱，往往对量化方法有莫名的心理恐惧，我希望"戏说"有助于克服"统计恐惧症"，打破量化方法迷信。

问：李老师能否"剧透"些视频和书的内容？

答：谈不上剧透，我没什么特别的见解。总结起来，视频与书在以下四个方面或许有点独到之处。当然，我先声明一句，我说"独到"完全是自封。我看书不多，统计书看得很少。有些说法，很可能别人早就说过，只是我没看到而已。首先，我对量化方法的几个基本概念，例如"量化""抽样""变量""测量"，做了比较透彻的分析。其次，我对"正态分布"概念背后的"概率思维方式"做了比较平易近人的解释。我杜撰了两个说法:一是把"正态分布"分为三个版本,二是把从个体观察到样本统计值再到总体参数比作黑格尔说的从"个别"到"殊相"再到"共相"。再次,我分析了"显著度检验"的逻辑,把检验过程比作"欲擒故纵""诱敌深入""反戈一击"三个阶段。最后,我从哲学角度介绍了概率作为因变量的特殊性,用日常语言详细解释了"最大似然估计"的基本逻辑,列出了"摸着石头过河"的步骤。

问:《戏说》可能比较容易懂,但是严谨吗?

答:我不追求严谨。严谨是专家的本分,我只是用户。我写《戏说》,既是因为我不喜欢某些专家的过于严谨,也是激励他们做更专业的戏说,请将不如激将。例如,我听到有些专家感慨学生素质差,听不懂什么是"p值"。我的激将说法是:即使如此,错也不在学生。"p值"是术语,术语是行话,行话有三副面孔:神话、黑话、鬼话。听不懂老师讲p值,责任不在学生;说不清什么是p值,过错全在老师。不要说"p值",说"概率"(probability),概率就是"可能性",这里的概率是"犯错的概率",错是"一类错误","一类错误是放弃真假设","假设是零假设","零假设是假定两个变量之间没有系统的、值得深究的关系",犯一类错误是"放弃了一个真的零假设","p值"就是"冒了多大的犯一类错误的风险"。如果这样说,学生还听不懂,那只是因为这里绕的弯子多,学生需要点时间绕弯子。每个弯子都非常单纯,没有任何深奥的东西。如果"虚无假设"也来了,也不说明"p"是 probability(概率),那么"p值"就是玄谈,学生听不懂很正常。

问:李老师去年出版了《不发表就出局》,今年年初出版了译作《人生智慧箴言》,现在出版《戏说统计》,而您的本职工作是公共行政学教授,您这两年的发表记录是否很别开生面?

答:谢谢你用词这么委婉。我跟一个学生说过,我是"四不像",算不上公共行政学者,算不上哲学专家,算不上广义的方法论学者,更算不上量化方法专家。这四个方面,我只能做到有点像,所以各位既能看到"四不像",也能看到"四个有点像"。

问:您是有意为之吗?

答:不是。我像一棵长在悬崖上的小歪脖子树。树的种子飘在石壁的泥土缝中,侥幸发芽生长。但是,先天后天的根基都不深,不可能长成大树。头顶遇到岩石,我就弯着腰长;左右遇到阻碍,我就歪着身子长。对哲学家说的"命运",我谈不上抗争,也谈不上顺服,因为确实不懂它到底是什么,但我也不消极地随遇而安。我的生活信念是,人活着,总是要做点有价值的事,就像植物总是要尽量获得阳光,贡献光合作用产生的好东西,比如氧气。这些年来,我能做什么就做什么,无论做什么都尽力做好。

问:好,谢谢李老师接受我的书面采访!

答:谢谢!

(采访时间是 2017 年 11 月)

应用计量方法课程大纲

课程目标

用非数学语言介绍统计分析方法。结合实例讲解如何使用 SPSS 软件建构数据库、整理数据和进行一元、二元、多元分析。

课程内容

课程包括七部分。一是计量分析的基本原理和基本概念;二是单变量分析与正态分布;三是双变量最小二乘回归与显著度检验;四是多元最小二乘回归与统计控制;五是因子分析与量表构建;六是对数回归与最大似然估计;七是结构方程建模。

课程安排

课程共 32 学时,11 次课,10 次作业。

参考材料

《戏说统计:文科生的量化方法》,中国政法大学出版社 2017 年版;《戏说统计续编》,当代世界出版社 2019 年版;任课教师的授课笔记与授课视频。

网上参考资料

http://www.tufts.edu/~gdallal/LHSP.html

http://mathworld.wolfram.com/topics/ProbabilityandStatistics.html

http://www.uvm.edu/~dhowell/StatPages/index.html

http://www.statisticssolutions.com

https://www.statmodel.com

https://www.stata.com

https://stats.idre.ucla.edu

https://www.statalist.org

https://listserv.ua.edu/archives/semnet.html

https://www3.nd.edu/~rwilliam

练习数据：https://pan.baidu.com/s/1xwNRLEYcA6T9YjuNGMK-yw，提取码：bfxd

进度表

1. 作为概率思维方式的统计分析

2. 变量与常项，测量与测量层级，问卷设计，数据录入，数据转换

3. 总体与样本，总体参数与样本统计值，抽样的逻辑与方法

4. 单变量分析：平均值与正态分布

5. 二元最小二乘回归与显著度检验

6. 多元最小二乘回归与统计控制

7. 因子分析与量表构建

8. 卡方检验，从概率到 logit

9. 二分对数回归，最大似然估计

10. 定序对数回归，多类定类对数回归

11. 结构方程建模

习 题

(1) 数据与数据库。在"雇员数据"(employee data.sav) 中找出一个定类变量，一个定序变量，一个定比变量。设计四个问题，分别在定类、定序、定距、定比层级测量年龄。设计一个 10 个问题的问卷，调查 5 位同学，准备编码本，输入数据。(《戏说统计》第一章与第二章；"让每一个文科生都成为统计高手"第 1 部分第 1-5 讲，"SPSS 的基本操作"第 1-3 讲。)

(2) 描述统计、正态分布与抽样分布。使用"雇员数据"，计算并解释年薪与教育程度的平均值、平方和、方差、标准差、标准值。以"雇员数据"为总体，以 20% 为抽样比例，抽取 10 个样本，分别计算各样本的平均年薪，以 10 个平均年薪为数据，建立一个平均年薪数据库。(《戏说统计》第三章；"让每一个文科生都成为统计高手"第 2 部分第 1-4 讲，"SPSS 的基本操作"第 4-8 讲。)

(3) 二元线性回归分析与显著度检验。使用"雇员数据"，以年薪为因变量，以教育程度为自变量，做二元最小二乘回归，解释非标准化回归系数的含义，解释标准误的含义，解释 t 值的含义。(《戏说统计》第四章；《戏说统计续编》第一章；"让每一个文科生都成为统计高手"第 3 部分第 1-9 讲，"SPSS 的基本操作"第 10-11 讲。)

(4) 多元最小二乘回归与统计控制。使用"雇员数据"，以年薪为因变量，以教育程度、是否少数族裔、性别为自变量，做多元最小二乘回归，解释非标准化偏回归系数的含义，解释标准回归系数的含义，解释三个 t 值的含义，解释 R 平方的含义。(《戏说统计》第五章第一节;《戏说统计续编》第二章;"让每一个文科生都成为统计高手"第 4 部分第 1-3 讲,"SPSS 的基本操作"第 13 讲。)

(5) 因子分析与量表构建。使用"中国调查"数据中的 11 个变量, c1a-c1k, 做因子分析, 做直角旋转 (varimax rotation), 选择三个因子中的一个, 使用其指标构建一个简单相加量表, 讨论量表的有效度与可靠度。(《戏说统计》第五章第二节;"让每一个文科生都成为统计高手"第 4 部分第 4-6 讲,"SPSS 的基本操作"第 14-16 讲。)

(6) 卡方检验。使用"雇员数据", 以是否少数族裔界定列 (column), 以是否经理界定行 (row), 做交叉列表, 做卡方检验, 解释卡方值、自由度与显著度的含义。(《戏说统计》第六章第一节;"让每一个文科生都成为统计高手"第 5 部分第 1-2 讲,"SPSS 的基本操作"第 17-18、28 讲。)

(7) 二分对数回归。使用讲员提供的数据, 解释为什么把概率转换成发生比, 为什么进而取发生比的自然对数, 为什么计算似然性自然对数的负二倍。以雇员数据中"是否经理"为因变量, 以教育程度、是否少数族裔、性别为自变量, 做二分对数回归。回答下列问题: 为什么选择"是否经理"为因变量? 为什么选择这三个自变量? 输出迭代史 (iteration history), 解释最大似然估计的逻辑。(《戏说统计》第六章第二节与第三节;《戏说统计续编》第三章;《戏说统计续编》第六章;"让每一个文科生都成为统计高手"第 5 部分第 3-7 讲,"SPSS 的基本操作"第 18-20、27 讲。)

(8) 定序对数回归。在"中国调查"数据中选择一个变量为因变量,选择三个变量为自变量,做定序对数回归。回答下列问题:选择因变量与自变量的依据是什么?模型能否通过平行线检验?有什么有趣的发现?(《戏说统计》第六章第四节;《戏说统计续编》第四章、第五章、第六章;"让每一个文科生都成为统计高手"第5部分第8讲,"SPSS 的基本操作"第21讲。)

(9) 多类定类对数回归。以"雇员数据"中的"工作岗位"为因变量,以教育程度、是否少数族裔、性别为自变量,先做定序对数回归,后做多类定类对数回归,比较两个分析的结果。(《戏说统计》第六章第四节;"让每一个文科生都成为统计高手"第5部分第8讲,"SPSS 的基本操作"第22讲。)

(10) 结构方程建模,测量模型与结构模型。在"中国调查"数据中选择三个变量作为指标,构建一个测量模型,测量一个可以作为因变量的潜在变量,检验测量模型的拟合优度。再选六个变量作为指标,构建两个测量模型,测量两个潜在自变量,每个潜在变量各有三个观察变量为指标。使用三个潜在变量构建结构模型,检验模型的拟合优度,讨论分析结果。(《戏说统计续编》第七章;"让每一个文科生都成为统计高手"第6部分第1-2讲,"SPSS 的基本操作"第25-26讲。)

参考书目

Long, J. Scott, and Jeremy Freese, *Regression Models for Categorical Dependent Variables Using Stata* (Third Edition), College Station, TX: Stata Press, 2014.

Muthén, Linda K., and Bengt O. Muthén, *Mplus: Statistical Analysis with Latent Variables*, Los Angeles: Muthén & Muthén, 2017.

Vogt, W. Paul, *Dictionary of Statistics & Methodology: A Nontechnical Guide for the Social Sciences*, Thousand Oaks, CA: Sage Publications, 1999.

跋
在实践中领悟量化方法

　　量化方法体现的是概率思维方式,跟哲学、逻辑与数学一样,值得学。具体的统计技术,作为有用的工具才值得学。宋代禅师宗杲有句名言:"譬如人载一车兵器,弄了一件,又取出一件来弄,便不是杀人手段。我则只有寸铁,便可杀人。"概率思维方式,就是量化方法的寸铁。用最简单的例子把道理想通,就可以"一法通,万法通"。

　　学者的基本功是自学,教师最重要的使命是鼓励学生自学。只要敢学,真学,就能学会。学量化方法,自学也是不二法门。除非能找到一个又懂行、又诚实、又会教的私人教练,否则无人可以教你怎样使用量化方法,只能自己琢磨。理想的教练可遇不可求,自学却不难学会。关键是真实感到需要学。用车铭洲教授的话说,真想学,就学;只要真学,就能学会。就量化方法而言,不怕了,就是学会了;敢用了,就是学通了;用对了,就是学精了。

　　《戏说》的使命是鼓励文科生学计量方法,目标是降低门槛。不管学什么,入了门,就不必再按部就班学教材,教材只是参考,是用户手册。不过,专家写的用户手册往往面面俱到,不好懂,不好用。《续编》是个简明的用户手册,适合从事社会科学研究的学者。对善于自学的朋友来说，《续编》不是必需品，只是助推器，助力在量化研究的跑道上加速滑行，顺利起飞。

自学量化研究方法，有四个要领。第一，坚持实践论。会用什么，就用什么，需要用什么，就学什么。在研究实践中学方法，不要追课，包括本人的课。不要指望在培训班或课堂学会量化方法。原因很简单，不管老师多高明，只要在课堂上讲，心中的学生就是普遍的学生、平均的学生。他讲的，在泛泛意义上有用，但对你个人可能没用。推而广之，学任何研究方法都得以自己的研究为中心。需要用哪项分析技术，就琢磨哪项技术，边琢磨边用，方法才可能成为自己的，否则总是别人的。不管研究什么问题，都没有客观上最好的方法，最好的方法就是最适合自己的方法。

第二，坚持以自己的研究为中心。一个方法再怎么神奇，对你没用，知道就可以，自己要用，才花时间学。学无用的东西是浪费生命。没时间看的，就是不需要看的；不需要看的，就是无用的。是否有用，就是"是否对我有用"。数据分析好比做菜，只有两棵白菜、一碗豆腐，就没有必要学怎样做满汉全席。社会科学学者像开小餐馆的个体户，不是御厨。方法培训班往往是培养御厨的。开个小餐馆，没有山珍海味，就不必费时费力学那些特别的厨艺。少林寺号称有七十二绝艺，但《鹿鼎记》中的澄观是武呆子，不堪大用。对五花八门的量化技术，像诸葛亮那样，观其大略，就足够了。知道了，就不会错过机会。千万不要希望先练好十八般武艺，甚至练成"金钟罩铁布衫"，然后才敢上战场。

第三，坚持"机会主义"，就是光明正大地"偷师"。一流学术

跋 在实践中领悟量化方法

期刊的文章都是好样本,作者是合格的老师。确信自己需要深入学习某个方法,就专门找使用该方法的文章,甚至不妨直接向作者索取数据,重复文章报告的分析。温馨提示:不要索取全部数据,只索取文章中涉及的变量,而且只索取数据的百分之八十。最好是通过期刊的主编转达请求。用真实数据,做自己最需要的模型,做通一个,触类旁通。

第四,跟网上的老师学。各种培训班提供的资料,网上几乎应有尽有,需要的只是搜索的经验、阅读英文的能力和鉴别材料是否有用的眼光。二十年前,我重新学习统计时,一位师友诚恳建议我聘请一个精通统计的研究助理。我有足够的研究经费,但是没有听从这个建议。我做研究,遇到想不明白的问题,就上网查查。查到的东西,十条有九条过分专业,但总会找到比较好懂的信息。需要说明一句,我说的网上资料是英文资料。我基本不看中文的统计教材,开始看过,看不懂,很多术语译得离奇,后来就不看了。因为不看,我无力判断中文统计教材的质量,只凭常识有个判断:堂而皇之的中文定量方法论专著,除非作者本人是卓有成就的统计学家,比如普林斯顿大学的谢宇教授,否则篇幅越大,抄的越多。由于看不懂中文教科书,我也很少看中文的网上统计知识。

我肯定不会写《戏说统计三编》。告别量化方法之际,我做个"原创"声明。原创加引号,是因为我讲的量化方法都是统计学家和方法论专家独创的。到目前为止,我唯一有点独创的,是本书第八章介绍的三角定位方法,但也只不过是把三种已有

241

的方法捏在一起而已。发表"原创"声明,是相信我的讲法有点独到之处。我一向不喜欢读一本正经的方法论著作,书架上量化方法教材不少,著名的"绿皮书"有一整套,一百多本,但我看得气闷,所以很少看。《戏说》与《续编》借用的讲法已经一一注明,例如用无罪推定前提下的法庭审判解释显著度检验,再如用冰激凌消费量解释溺水事件的数量。未注明的,皆属独出心裁,若与前人著作暗合或雷同,只印证月映万川,不舍大河小溪。就数学能力而言,我只是一洼浅水。有意思的是,管玥博士发现,我解释统计的一些说法与陈希孺院士神似,尽管我从来没有拜读过陈院士的著作。对此,我倍感荣幸,但并不觉得奇怪。为了预防纠葛,我做这个"原创"声明,也算给自己开个成绩单。

最后,感谢师友坚持不断的鼓励和及时到位的帮助。《戏说》与《续编》是姊妹篇,我再次感谢以各种方式关心并支持《戏说》的诸位师友,特别是为《戏说》第一印勘误的赵书文、管宇浩、陈德旭、纪楠楠、武毅、邓玲榕、熊劼、李琳、石柏林、陶郁以及一位匿名的朋友。此书能面世,我特别感谢雅理团队的四位编辑。刘海光主任对我的信任,让我格外谨慎对待本书的内容与文字,他的三位朝气蓬勃、兢兢业业的同事,展示的是"80 后""90 后"创造的美好希望。特别感谢韩雪女士,本书有不少图表,排版难度很大,她应对裕如,一丝不苟,展现了完美的专业技术和职业精神。感谢杨潇坤先生、宋义平先生指出书稿的几处错误。感谢科大讯飞的工程师,他们发明的

"讯飞听见"与"讯飞快读"是我得力的助手。特别感谢董璇、项玮逐字逐句校对书稿,发现了数以百计的大大小小的错误与不妥之处。特别感谢管玥博士仔细认真地校阅书稿,在这一斗糙米中挑出不少沙砾和几块碎玻璃,她教给我的,已经远远超过我教给她的。

附 记

衷心感谢下列朋友指出第一印中出现的错误:朱心怡、王洪波、邱家林、刘文超、董哲、吴林飞、宋义平。

李连江

2020 年 10 月 16 日

图书在版编目（CIP）数据

戏说统计续编：文科生的量化操作指南 / 李连江著. --北京：当代世界出版社，2019.6（2022.10 重印）
ISBN 978-7-5090-1508-7

Ⅰ.①戏… Ⅱ.①李… Ⅲ.①统计学-通俗读物 Ⅳ.①C8-49

中国版本图书馆 CIP 数据核字（2019）第 109520 号

书　　名：	戏说统计续编：文科生的量化操作指南
出版发行：	当代世界出版社
地　　址：	北京市东城区地安门东大街 70-9 号
邮　　箱：	ddsjchubanshe@163.com
编务电话：	(010) 83907528
发行电话：	(010) 83908410
经　　销：	新华书店
印　　刷：	北京中科印刷有限公司
开　　本：	880 毫米×1230 毫米　1/32
印　　张：	8
字　　数：	160 千字
版　　次：	2019 年 7 月第 1 版
印　　次：	2022 年 10 月第 3 次
印　　数：	9001—12000
书　　号：	978-7-5090-1508-7
定　　价：	46.00 元

如发现印装质量问题，请与承印厂联系调换。
版权所有，翻印必究；未经许可，不得转载！